Walter A. Kremnitz / Georg Kenntner · Tropische Pflanzen

WALTER A. KREMNITZ
GEORG KENNTNER

Tropische Pflanzen

Ein Bestimmungsbuch für den Touristen

Ambro Lacus · Buch- und Bildverlag · Frieding-Andechs

Die Deutsche Bibliothek — CIP-Einheitsaufnahme

Tropische Pflanzen : ein Bestimmungsbuch für den Touristen / Walter A. Kremnitz ; Georg Kenntner. [Fotogr.: Walter und Michael Kremnitz ; Georg Kenntner]. — 2. Auflage. — Frieding-Andechs : Ambro Lacus, Buch- und Bildverl., 1994
  ISBN 3-921445-23-X

NE : Kremnitz, Walter A.; Kenntner, Georg

Gesamtherstellung: EOS Verlag, Erzabtei, 86941 St. Ottilien.
Lithos: Fa. Döss, Nürnberg.
Fotografien: Walter und Michael Kremnitz, Georg Kenntner.

VORWORT ZUR NEUAUFLAGE

Der vorliegende Bildband zeigt aus dem reichhaltigen Pflanzenschatz der Tropen einen ausgewählten — dem Reisenden sofort ins Auge fallenden — Teil. Die Gliederung des allgemeinen Hauptteils ist nach der Farbe der Blüten erfolgt, mit Ausnahme der Nutzpflanzen, denen ein eigenes Kapitel gewidmet ist, und dem nunmehr neu aufgenommenen Teil.

Dieser neue Teil ist nach den Kontinenten des Hauptvorkommens der besprochenen Pflanzen gegliedert, soweit dies überhaupt möglich ist, denn manche Arten sind »Kosmopoliten« der tropischen und subtropischen Zonen geworden. Um den für die gebrachte Ausstattung sehr niedrigen Preis des Buches nicht wesentlich erhöhen zu müssen, erfolgte diese — die Herstellung vereinfachende und damit preisgünstigere — Gliederung.

Die Autoren

Inhaltsverzeichnis der rotblühenden Pflanzen:

ADENIUM obesum
(Apocynaceae)

*Impala-Lilie, Wüstenrose,
Elefantenfuß*

Die Gattung »Adenium«, aus der Familie der Immergrüngewächse, ist
von Südwestafrika bis nach Arabien hinein anzutreffen. Prachtexemplare
findet man beispielsweise in den Ruinen von Gedi/Kenia. Die hier gezeigte Art darf im Blütenzustand als die interessanteste afrikanische Sukku-
lentenpflanze bezeichnet werden. Der bei größeren Pflanzen einem »Elefantenfuß« ähnelnde Stamm enthält einen giftigen milchigen Saft und aus
dem Samen, der an beiden Enden mit einem Büschel Haare versehen ist,
wird ein Pfeilgift gewonnen. Die ca. 12 cm großen, fast eiförmigen Blätter
werden zur Blütezeit abgeworfen. Während der Belaubung benötigt die
Pflanze viel Wasser, wogegen in der Trockenzeit — daher auch »Wüstenrose« — die dunkelrot bis weißen Blütenkelche mit rotem Rand gebildet
werden. 10-20 cm große Stecklinge können im warmen Zimmerbeet zur
Blüte kommen.

BAUHINIA galpinii
(Caesalpinioideae)

Rote Bauhinia,
roter Orchideenbaum

Diese als Busch oder kleiner Baum — mit einer Höhe zwischen 3 und 5 m
— vorkommende Art fällt durch das Kennzeichen aller Bauhinien —
nämlich die zweiflügeligen Blätter — und die fast orchideenartigen, wohlriechenden Blüten auf. Weiße Blüten hat die »B. bowkeri«, weiß mit rötlichen Staubblättern die »B. petersiana«, gelbe Blüten die »B. tomentosa«. Die schönste Blüte dürfte die blauviolette Form der »B. variegata«
sein, um nur einige afrikanische Arten zu nennen. Diese Gattung zählt zur
Unterfamilie der Johannisbrotgewächse, welche ca. 250 Arten und Gattungen umfaßt. Das Holz der Bauhinia trägt die allgemeine Bezeichnung
»Ebenholz«, die »B. acuminata« liefert das kostbare »Bergebenholz«, die
»B. tomentosa« dient zur Gewinnung des sehr fetthaltigen »Ebony-Öls«.

BOUGAINVILLEA spectabilis   *Drillingsblume*
(Nygtaginaceae)

Die Pflanze erhielt ihren Namen nach ihrem Entdecker — dem französischen Admiral de Bougainville. Sie zählt zu den sog. Wunderblumengewächsen und stammt aus Südamerika, ist aber in ganz Afrika weit verbreitet. Die Farbskala reicht vom Schneeweiß über Gelb bis zum Purpurrot, lediglich Blau ist nicht anzutreffen. Es handelt sich allerdings hier lediglich um die farbigen Deck- bzw. Hochblätter. Die eigentliche Blüte setzt sich aus drei unscheinbaren gelben Blütchen zusammen, denen nach der Reife die einstmals farbigen Hochblätter als »Fallschirme« dienen.
Unsere mitteleuropäischen Blumengeschäfte bieten diese reine Tropen- und Subtropenpflanze in Töpfen an, aber kaum einer bringt diese Pflanze zu einer nochmaligen Blüte. Der Grund hierfür ist einzig und allein der Sonnen- und Wärmemangel. Trockenheit spielt bei dieser Pflanze fast überhaupt keine Rolle.

BRACHYCHITON
acerifolium
(Sterculiaceae)

Flammenbaum

Der aus Australien stammende Blütenbaum mit seinem aufrechten, geraden Stamm ist vor allem südlich des afrikanischen Äquators verbreitet,
besonders in Parks und Anlagen. Dort fällt der über und über mit knall-
roten Blütenglöckchen übersäte blattlose Baum besonders auf. Daher
auch der Name »Flammenbaum«. Die während der Blüte knospenden
Blätter sind dunkelgrün und gleichen in etwa unseren Ahornblättern. Sie
werden im Frühsommer abgeworfen. In Rhodesien und Südafrika ist der
Flammenbaum relativ häufig anzutreffen, sein Holz ist weich und gut zu
bearbeiten.

CALLISTEMON
viminalis
(Myrtaceae)

Schönfaden,
Zylinderputzer,
Flaschenbürste

Der aus Australien stammende Busch oder Baum ist immergrün und hat vorwiegend lanzettliche Blätter. Von der Gattung »Callistemon« sind 20 Arten bekannt, wovon in Afrika die gezeigte und die mit ihr relativ leicht verwechselbare Art »C. speciosus« sowie die Art »C. citrinus« vorkommen. Der Unterschied liegt vorwiegend in den Abmaßen der Blätter und der Blütenstaubblätter bzw. -fäden. Die Art »C. citrinus« läßt sich leicht erkennen, denn beim Zerreiben eines Blattes zwischen den Fingern strömt ein Zitronenduft aus. »C. viminalis« ist an den tief überhängenden Zweigen erkenntlich. Erst die älteren Pflanzen setzen Blüten an.

COTYLEDON
orbiculata
(Crassulaceae)

Korallenglocken

Diese sogenannten »Nabelkräuter« sind hauptsächlich in Südafrika beheimatet. Mit 50 Arten bilden sie die größte dort vorkommende Sukku-
lentengruppe. Berühmt ist aus dieser Gattung der sogenannte »Butter-
baum« — »C. paniculata« —. Alle Arten aber sind durch große fünfteili-
ge Röhrenblütenglocken gekennzeichnet, deren Farbe vom Purpurrot bis
zum Orange schwankt. Die hier gezeigte Art wird bis zu 70 cm hoch, hat
spatelförmige Blätter, die mit einer Wachskruste überzogen sind. Sie wird
neben anderen Arten auch als Zimmerpflanze kultiviert.

CRASSULA
coccinea
(Crassulaceae)

Dickblatt,
Rote Crassula,
Klipblume

Diese im Sommer reich blühende Pflanze zählt zu den rund 300 Arten der Gattung, von denen etwa 120 Arten ihre Heimat in Südafrika haben. Die »C. coccinea« dient an bevorzugter Stelle zur Zierpflanzenkultivierung und gedeiht an vorwiegend sonnigen und warmen Standorten. Der Wasserbedarf ist relativ gering. Im Winter soll die kultivierte Pflanze bei etwa 12° C trocken und kühl überwintern können. Die wildlebende Art erreicht eine Höhe zwischen 60 und 120 cm, hat glatte eiförmige und zugespitzte Blätter, die am glatten Stengel in vier Reihen angeordnet sind, wobei jeweils ein sich gegenüberliegendes Paar eine Etage bildet. Die scharlachroten Blüten sind sehr wohlriechend und gipfelständig in Scheindolden ausgebildet.

DELONIX
regia syn.
Poinciana regia
(Caesalpiniaceae)

Flammenbaum,
Poinciana,
Flamboyant

Der in seiner Blüte einzigartige Baum wurde 1824 in Madagascar entdeckt und eroberte sich in kürzester Zeit alle Tropenregionen der Welt. Die Blüte beginnt im April am blattlosen Baum und im Mai kommen dann die feingefiederten hellgrünen Blätter dazu. Eine in voller Blüte stehende Baumkrone erweckt den Gedanken an einen feuerroten Schirm. Eines der fünf Blütenblätter ist häufig schneeweiß und weist rote Äderchen auf. Noch während der neuen Blüte hängen die bis zu 60 cm langen, breitflächigen, braunschwarzen Schoten der vorangegangenen Blüte von den Zweigen herab.

DOROTHEANTHUS
bellidiformis
(Mesembryanthemaceae)

Mittagsblume,
Livingstones Gänseblümchen

Diese einjährige sukkulente Pflanze bildet zusammen mit »D. gramineus«
die Ausgangsform vieler Hybriden und eignet sich hervorragend zur Bildung eines Blütenteppichs auf schattenlosen mageren Erdflecken. Die
grünen Blätter sind öfters an ihrem Rand rötlich gefärbt. Die Blüte ist
zwischen 4 und 5 cm im Durchmesser groß und in vielen Farbvariationen
anzutreffen, vorwiegend aber in rosa oder lila mit einem weißlichen Farb-
kranz am Fuße des Blütenblätterkranzes. Diese Art ist im Namaqualand
von Südafrika am häufigsten anzutreffen.

ERICA atrovinosa
(Ericaceae)

weinfarbiges
Heidekraut

Fast alle der ca. 630 bisher katalogisierten Heidekrautgewächse — nämlich 605 — sind in Afrika beheimatet, wovon 580 Arten der Kapprovinz zugehören. Hier soll eine kleine willkürlich gewählte Auswahl gegeben werden. Die »E. arborea« erreicht Baumhöhe und ist über alle afrikanischen Hochländer verbreitet, sogar im Tibesti-Gebirge in der Sahara trifft man sie an. Die hier gezeigte Art trägt ihre burgunderfarbenen dickbauchigen, meist aufrechtstehenden Blütenkelche an den Zweigspitzen. Die Pflanze wird ca. 60 cm hoch, die nadelförmigen Blätter werden bis zu 2 cm lang und stehen dichtgedrängt entlang der Stiele bzw. Zweige. Die Blütezeit ist zwischen Dezember und Februar, also im Hochsommer Südafrikas.

ERICA cerinthoides
(Ericaceae)

Heide-Erika,
rothaarige Erika

Der schwedische Botaniker Linne gab dieser Erikaart den Namen, der in
Europa mit 6 Arten vertretenen Wachsblume »Cerinthe«.
»E. cerinthoides« ist auf der gesamten Kaphalbinsel die bekannteste und
verbreitetste Art der Gattung. Sie ist aber auch in allen anderen Provinzen
Südafrikas vertreten. Besonders hervorgehoben ist diese Art durch ihre
ausgesprochene Feuerunempfindlichkeit. Nach jedem Brand sprießen sofort neue Triebe aus, die bis zu 1,5 m hoch werden können. Die roten Blü-
tenröhren werden etwa 3,5 cm lang und sind mit feinen Härchen besetzt.
Es gibt auch rosa und weiße Variationen. Die Blüten sitzen büschelartig
an den Triebenden. Das obenstehende Bild zeigt die nach einem Brand
hervorsprießenden Sprosse, die teilweise sofort Blüten tragen.

Eine vom September bis März im Kapland — vorwiegend in den Gebirgs-
und Küstenregionen — blühende Art, deren bis zu 3 cm langgestreckte rote Blüten mit einem gelben Schlund und gelben Endlappen versehen sind.
Die Zweige tragen dichtgedrängt 3-5 cm lange schmale Blättchen und bilden einen zierlichen, kompakten, bis zu 90 cm hoch werdenden Busch.
Der keulen- und röhrenförmig ausgebildete rote Blütenkelch ist mit feinen
weiß-silbrigen Härchen besetzt.

ERICA sitiens
(Ericaceae)

Durstige Erika

Diese in der Blüte sehr attraktive und weithin leuchtende Art ist in großen
Kolonien an den Berghängen des Stellenbosch-Distriktes um Kapstadt anzutreffen. Es gibt noch eine weißblühende Variation dieser Art. »E. sitiens« läßt sich gut kultivieren und benötigt — im Gegensatz zu ihrem Namen — auch nicht recht viel mehr Wasser als die übrigen Arten auch. Sie
wächst zu einem aufrechten Busch von 50-60 cm Höhe heran. Die Blütenglöckchen weisen eine Länge von rund 8 mm auf.

ERYTHRINA abyssinica   *Korallenbaum*
(Papilionoideae)   *roter Feuerbaum*

Der in Zentral- und Ostafrika heimische Baum wird bis zu 10 m hoch und
hat eine runde, ausladende Krone. Diese ist in der blattlosen Zeit über und
über mit korallroten Blütenständen übersät. Die Blütezeit liegt zwischen
Juli und November. Neben der auffallenden Blüte — im übrigen haben
alle Erythrina-Arten ausgesprochen eindrucksvolle Blüten — fallen die
dreiteiligen Blätter auf, die ebenfalls ein Charakteristikum der Gattung
sind. Die Samen der hier beschriebenen Art haben ein curareähnliches
Gift, welches in den Blutkreislauf gebracht, zu Paralyse und auch zum
Tode führen kann. Die hellbraunen Samen ruhen in 10 cm langen zylindrischen Schoten. Das sehr leichte Holz wird gerne für Schnitzereien verwendet und diente früher auch als Korksurrogat.

ERYTHRINA livingstoniana *Aloe-Erythrina*
(Papilionoideae)

Der weitausladende, verzweigte Busch oder Baum ist in seinem Vorkommen auf heiße Niederungen und trockene Ebenen beschränkt. Man begegnet dieser Art im allgemeinen selten, aber in Südwestafrika findet man sie relativ häufig in Parks, Gärten und Anlagen, aber auch im freien Land nördlich von Windhuk. Die über 20 cm lange tiefrote Blütenrispe mit den bis zu 17 cm langen und ebenso breiten Blättern lassen diese Art in die Reihe der schönsten afrikanischen Pflanzen treten. Die zylindrischen gelben Schoten erreichen eine Länge bis zu 35 cm und die Samen sind feuerrot, haben einen weißen Punkt und leuchten aus den aufgesprungenen, kettenförmigen und tiefschwarzen Schotenkapseln. Die Blütezeit ist Januar und Februar.

EUCALYPTUS ficifolia   *Mahagoni*
(Myrtaceae)   *Purpur-Eukalyptus*

Dieser wohl schönste Vertreter der rund 600 Arten umfassenden, aus Australien stammenden Gattung ist zwischenzeitlich in allen tropischen und subtropischen Ländern zu finden. Sein schnellwachsendes und obendrein sehr wertvolles Holz — das trifft für alle Arten der Gattung zu — sowie seine relative Anspruchslosigkeit haben diese Gattung für großflächige Wiederaufforstung prädestiniert. In Ägypten und Marokko beispielsweise sind riesige Wüstenflächen mit Eukalyptus-Arten aufgeforstet worden. Das rotbraune, sehr harte Holz wird als Mahagoni oder Eisenrindenholz bezeichnet. Aus den Blättern der weißblühenden Art »E. globulus« wird das ätherische Öl für die Herstellung der bekannten Hustenbonbons gewonnen. Fast alle Arten werden in der kosmetischen und pharmazeutischen Industrie verwendet.

GERBERA
viridifolia
(Asteraceae)

Gerbera

Aus dieser Art und der G. jamesonii wurden die vielen bei uns bekannten und als Schnittblumen gern gekauften Gerberahybriden gezüchtet. Die Gerberas sind im Süden Afrikas und Madagascars beheimatet und mit rund 70 Arten vertreten. Die großflächige von Weiß über Gelb bis Tiefrot reichende Strahlenblüte steht auf einem ca. 50 cm hohen, glatten Stengel, der aus einer Rosette von stark gelappten bzw. gezähnten Blättern entspringt.

GLORIOSA superba   *Flammenlilie, Kletterlilie,*
(Liliaceae)   *Ruhmkrone, Tigerklaue*

Diese insbesondere in den Wäldern Westafrikas und Asiens weitverbreitete Art, ist unter der 6 Arten zählenden Gattung am häufigsten anzutreffen. Aus einer — im übrigen sehr giftigen — Knolle rankt ein hellgrüner
Stiel mit langgestreckten, einzeln aufsitzenden Blättern empor. Die glän-
zenden Blätter enden an ihrer Spitze in eine Ranke, womit sich die Pflanze
an Büschen und Bäumen hochrankt. Zwei weitere Arten sind besonders
bekannt, da ihre Blüten bei uns im Handel sind, und zwar die »G. roth-
schildiana«, deren Blüten größer sind, farblich ein dunkles Purpurrot und
stark gewellte Blütenblätter aufweisen. Die »G. simplex« ist in den schat-
tigen Wäldern Westafrikas häufig gelb anzutreffen und färbt sich erst in
der Sonne zu einem hellen Gelbrot.

GREYIA sutherlandii
(Melinathaceae)

Natal-Flaschenbaum
Honigbaum

Vorwiegend an den Hängen der südafrikanischen Gebirge ist die teils als
Busch, teils als bis zu 5 m hoher Baum anzutreffende Art verbreitet. Sowohl die oft mehr als 25 cm langen Blütentrauben, als auch die breitflächigen, gezackten Blätter sind sehr attraktiv, so daß diese Art häufig als
Zierbaum in Gärten und Parks angepflanzt wird. Dies umsomehr, als sie
auch sehr anspruchslos ist. Aus dem weichen hellen Holz werden Haus-
haltsartikel und Figuren etc. geschnitzt. Die Blütezeit ist zwischen August
und Oktober.

SCADOXUS multiflorus   *Blutlilie*
(Amaryllidaceae)   *Feuerball-Lilie*

Ein aus Süd- und Ostafrika stammendes Amaryllisgewächs; weist auf einem 30-60 cm hohen Stengel eine feuerrote, puderquastenähnliche Blütenkugel auf, die sich aus 80 bis 100 Einzelblüten mit vorstehenden Staubgefäßen zusammensetzt. In den Wäldern Ostafrikas und vor allem im Regenwald bei den Viktoriafällen kann man sie sehr zahlreich antreffen. Es handelt sich wie bei allen Amaryllisgewächsen um eine Zwiebelpflanze, die 3 bis 4 hochstehende, breite Blätter hat.

HIBISCUS
schizopetalus
(Malvaceae)

Koralleneibisch
gefranster Hibiscus

Ohne Übertreibung darf gesagt werden, daß die fast 200 verschiedenen Hibiscusarten die ganze Welt erobert haben. Wenn der Hibiscus nicht im Freiland der tropischen und subtropischen Regionen anzutreffen ist, so findet man ihn als Kübel- oder Topfpflanze in den Wohnungen, Büros oder Wintergärten. Die häufigste Art ist der sog. »Chinesische Rosen- eibisch«, auch »Rose von Hawaii« genannt (H. rosa sinensis). Die oft ku- chentellergroßen Blüten, vorwiegend in tiefem Rot, aber auch Gelb, Orange und Weiß, sind durch den hervorstehenden Staubgefäßträger ge- kennzeichnet. Die hier gezeigte Art ist im tropischen Teil Ostafrikas be- heimatet. Die gefransten, tief herabhängenden, nach oben gebogenen Blütenkelch- bzw. Kronblätter und die lang hervorstehende »Columella« geben der Blüte ihr exotisches Aussehen. Allerdings verwelkt die Einzel- blüte schon nach einem Tag, aber der Blütenreichtum sorgt laufend für offene Kelche. Aus den grünen Schoten der »H. esculentus« wird Gemüse und Salat zubereitet. Die Schote wird in Ostafrika »Okra« genannt.

**IPOMOEA
cairica**
(Convolvulaceae)

*Ostafrikanische
Prunkwinde*

Die Ipomoeas sind mit rund 420 Arten die größte Gattung der tropischen und subtropischen Prunkwinden. Am bekanntesten ist die »I. batatas«, deren Knolle die Süßkartoffel abgibt. Ihr Anbau erfolgt allerdings weniger um als Grundnahrungsmittel zu dienen, sondern um Alkohol daraus zu gewinnen. Die violett- oder rotblühende Art, die der hier gezeigten »I. cairica« sehr ähnlich ist, heißt »I. pes caprae« und ist in den Sanddünen bzw. an den Sandstränden der afrikanischen Küsten, vor allem am Indischen Ozean, weit verbreitet. Ihr Samen kann unbeschädigt lange Zeit im Meerwasser liegen.

JATROPHA
multifida
(Euphorbiaceae)

Purgiernuß

Eine, der aus 160 Arten bestehenden Gattung, aus dem tropischen Amerika nach Afrika gekommene Pflanze, die sich in Südafrika, Rhodesien und Mozambique sehr schnell eingebürgert hat. Der schlanke Busch oder kleine bis zu 5 m hohe Baum ist durch seinen goldgelben Stamm mit der papierähnlichen Rinde und die handteiligen Blätter gekennzeichnet. Auf langen glatten Stielen sitzen doldenförmig die roten Blüten. Die gelben Früchte beherbergen jeweils 3 dreieckige dunkelbraune Kerne, die — zu Öl verpreßt — als Abführmittel, zur Kerzen- und Seifenherstellung, aber auch als Pfeilgift Verwendung finden. Aus den jungen, oft bis zu 35 cm lang werdenden Blättern, wird ein Gemüse zubereitet.

Das zur Gattung der »Tritome« zählende Liliengewächs, das im Sommer und im Herbst blüht und die tropischen und subtropischen Gebiete Afrikas und Madagascars besiedelt, ist auch bei uns in den Gärten beheimatet. Die attraktivsten Arten, zu denen die hier gezeigte Art gehört, sowie »K. tuckii« und »K. galpinii« sind in Südafrika beheimatet. Die langen, lanzettartigen, steilstehenden Blätter werden bis zu $1^1/4$ m hoch. Die korallen- bis orangeroten Blütenstände mit ihren Stengeln erreichen ebenfalls diese Höhe. Das Kennzeichen der »K. burchelli« sind Blüten, die anfangs scharlachrot sind, später karminrot werden und kurz vor dem Verblühen sich gelb verfärben. Die »K. tuckii« sieht wie die hier gezeigte Blüte aus, nur ist sie von gelber Farbe.

LEUCOSPERMUM
cordifolium
(Proteaceae)

Nadelkissenprotea

Ein sehr eindrucksvoller Blütenbaum aus der Familie der sogenannten »Silberbaumgewächse«, die im Kapland beheimatet sind. Die exotische Blüte gleicht etwas einem gesteckten Nadelkissen und deshalb hat diese Art zusammen mit einigen verwandten Arten auch diesen Volksnamen bekommen. Die Blätter haben einen mattsilbrigen Glanz und die Skala der Blütenfarben reicht von Weiß, Gelb, Orange bis Rot.

LEUCOSPERMUM
reflexum
(Proteaceae)

Raketennadelkissen

Unmittelbar nach Öffnung der Blütenknospe ist diese Blüte von besonderer Schönheit, wie dieses Bild hier beweisen dürfte. Im voll erblühten Zustand macht sie einen mehr zerfledderten Eindruck. Der Volksname ist auf die nach unten strahlförmig gerichteten Petalen zurückzuführen, die den Rückstoßstrahlen einer Rakete ähneln. Die rund um den Stiel eng anliegenden Blätter haben ebenfalls den für diese Gattung charakteristischen Silberglanz.

MIMETES
cucculatus
(Proteaceae)

Federflaumprotea
Flaschenbürste

Unter den 11 Arten der Mimetes aus der Familie der Proteas sind die hier
gezeigte, die »M. argenteus« und die »M. hirsutus« die schönsten ihrer
Gattung. Die Befruchtung erfolgt in erster Linie durch Nektarvögel. Da
sie in den Kapbergen abseits aller Wege vorkommen, sieht sie ein Reisen-
der praktisch nur in dem hervorragend angelegten botanischen Garten
von Kapstadt »Kirstenbosch«. Die intensiv — vorwiegend rot-gelb — gefärbten Blütenköpfe befinden sich jeweils in den Achseln der oberen
Zweigspitzenblätter und sind zweigeschlechtlich.

OCHNA beirensis
(Ochnaceae)

Beira-Ochna

Diese als Büsche oder Bäume vorkommende Gattung fällt weniger durch ihre gelben oder weißen Blüten auf, als durch die feuerroten, geschwollenen Behälter aus den Fruchtblättern, die sich aus den zweigeschlechtlichen Blüten bilden. Deshalb wurde diese Gattung hier auch unter die rotblühenden Pflanzen eingeordnet. Das obige Bild zeigt einen Fruchtzweig der »O. beirensis«, die ihren Namen nach ihrem hauptsächlichen Vorkommen im südlichen Afrika (Beira) erhalten hat. Diese Art wird sehr häufig als sog. »lebender Zaun« und zur Heckensäumung von Parkanlagen verwendet. Die von den roten Fruchtblättern umsäumten 5 Samenkerne werden zur Reifezeit freigegeben, wo sie sich bis zur Reife von Grün über Blau bis zum Schwarz färben.

PODRANEA ricasoliana   *Rosa Trompetenbaum*
syn. Tecoma ricasoliana
(Bignoniaceae)

Der immergrüne Kletterstrauch stammt aus Südafrika und ist bis in die
frostfreien Zonen der Mittelmeerländer vorgedrungen, wo er ein begehr-
ter Zierstrauch für Gärten und Anlagen ist. Die einzelnen bis zu 5 cm langen Blütenglocken sind rosa und haben dunkelrote Streifen. Sie bilden
endständige Rispen. Die Blütezeit ist von Anfang August bis Anfang Oktober. Die walzenförmigen Früchte werden bis zu 30 cm lang.

CAESALPINIA pulcherrima
syn. Poinciana pulcherrima
(Caesalpiniaceae)

Pfauenblume

Dieser in allen tropischen Ländern anzutreffende Busch oder Baum ist durch seine farben- und formenprächtigen Blütenstände, die an den Zweigenden sitzen, gekennzeichnet. Die rote Einzelblüte mit den gelben Rändern und den langen, hervorstehenden roten Staubfäden erinnert etwas an die Blüte der Delonix regia. Bis in den Mittelmeerraum ist die verwandte gelbblühende Art »P. gillesii« — der sog. »Paradiesvogelstrauch« — aus Ostafrika vertreten. Beide Arten haben doppeltgefiederte Blätter und lange etwa 2 cm breite Samenschoten, die im Reifezustand schwarz sind.

PORTULACARIA afra *Speckbaum*
(Portulacaceae)

Ein bis 4 m hoher Busch oder Baum, der vorwiegend die afrikanische
Buschsavanne und Gebiete der sukkulenten Pflanzen Süd- und Südwestafrikas besiedelt. Die rundlichen, spatelförmigen Blätter von ca. 2,5 cm
Durchmesser sind blaugrün und haben einen silbriggrauen Schleier. Die
Blätter stehen einander paarweise gegenüber und fast rechtwinklig vom
Zweig weg. Die endständigen lila bis purpurroten Blütenstände bilden
sich praktisch an jedem Zweigende und führen in der Zeit von September
bis November den Busch zu einer eindrucksvollen Farben- und Blütenpracht. Die Blätter sind eßbar und werden von den eingeborenen Frauen
zur Erhöhung der Muttermilchmenge gegessen. Im übrigen geben sie auch
ein wertvolles und ergiebiges Viehfutter ab.

PROTEA aristata
(Proteaceae)

*Grannentragende
Protea*

Die für Südafrika typische Pflanzenfamilie ist die Proteaceae, deren Name von dem griechischen Gott »Proteus« abgeleitet ist, von dem man sagte, daß er seine Gestalt nach seinem Willen verwandeln konnte. In Südafrika sind 90 Arten der Gattung »Protea« bekannt, wovon die im Kapland beheimateten Arten die farben- und formenprächtigsten sind. Proteas lieben einen sauren Boden aus Quarzitsand. Eine Vielzahl einzelner Blüten sind kelchförmig von intensiv gefärbten Deckblättern eingefaßt und bilden so die an den Zweigspitzen aufsitzenden, z. Teil riesigen Blütenkelche. Die Blütezeit der gezeigten Art ist von Juli bis Dezember.

PROTEA
cynaroides
(Proteaceae)

Königsprotea
Riesenprotea

Das Prachtexemplar unter den Proteas ist die hier gezeigte Art, wenn man einen Blütenvergleich anstellen will. Leider wird sie von Jahr zu Jahr ein größerer Exportartikel, was die Möglichkeit einer Ausrottung nicht mehr von der Hand weisen läßt. Auf rötlichen Zweigtrieben sind bis zu 12 cm lange Blätter an relativ langen Stielen angeordnet. Die auch im geschlossenen Zustand schon faszinierenden Blüten erreichen eine Größe von mehr als 30 cm und leuchten silbrig-rosa. Die offene Blüte weist Farben von Weiß bis Tiefrot auf und ist Südafrikas Nationalblume. Die Blütezeit ist von Mai bin Juni. Öfters erfolgt im Dezember noch eine 2. Blüte.

**PROTEA
magnifica
syn. P. barbigera**
(Proteaceae)

*Königinprotea
Haarbüschelprotea*

Der am bergigen Westufer des Kaplandes beheimatete, bis zu 3 m hoch werdende Busch zählt zu den attraktivsten Arten der Proteas und läßt sich bei Vorhandensein der ihm entsprechenden Bodenverhältnisse recht gut kultivieren. In den Bergen begegnet man dieser Art bis auf Höhen von rund 1000 m. Die Blätter sind bis zu 15 cm lang und 3 cm breit, dunkelgrün in der Farbe. Die Blütenköpfe sind die zweitgrößten Proteablüten — daher auch der Volksname — und haben einen Durchmesser von mehr als 15 cm. Die Blütendeckblätter sind gelb, rosa oder rot und tragen an ihrer Spitze die für diese Art charakteristischen weißen Bart- bzw. Haarbüschel. Die Deckblätter umschließen einen Kelch voller weißer oder rosafarbener Haare — einer Puderquaste ähnlich —, die im Zentrum purpur bis schwärzlich gefärbt sind.

PUNICA granatum   *Granatapfelbaum*
(Punicaceae)

Dieser strauchartige 3-5 m hohe Buschbaum kommt in den warmen Zonen Südosteuropas bis zum Himalaja und in allen Gebieten Afrikas vor, also sowohl im tropischen Regenwald — beispielsweise in Togo — als auch in den Savannengebieten Südwestafrikas, wie das oben stehende Bild zeigt. Die jungen Triebe weisen verschiedentlich Dornen auf. Die ca. 8 cm langen, lanzettlichen bis eiförmigen Blätter sind relativ hart. Die rote Trichterblüte weist einen Durchmesser von etwa 3 cm auf, während die Frucht — der Granatapfel — es bis zu einem Durchmesser von 12 cm bringt. Wurzel und Rinde des Baumes geben aufgrund ihres starken »Pelletierin«-Gehaltes ein hochwirksames Mittel gegen Bandwürmer ab.

SPATHODEA campanulata
(Bignoniaceae)

Tulpenbaum von Gabun
Tulpenbaum

Der Autor hat zahlreiche wissenschaftliche Werke über die Pflanzen Afrikas, seltsamerweise aber ist — mit einer Ausnahme — in keinem dieser Werke der in Afrika beheimatete, bis zu 25 m hoch werdende »Tulpenbaum« abgehandelt, obwohl er sowohl im Tsitsikama-Urwald Südafrikas, als auch in Ost-West- und Teilen Nordafrikas vorkommt. Afrikanische Medizinmänner schnitzen aus seinem Holz ihre Kultstäbe und bereiten aus den Blättern, Blüten und Rindenstücken ein Heilmittel gegen Hautkrankheiten. Die Blütenknospen sind sehr wasserhaltig und die großen roten, gelbumrandeten Blütentrichter stehen in endständigen Rispen oder Trauben. Der Baum ist praktisch das ganze Jahr über mit Blüten versehen, die Hauptblütezeit jedoch ist von Januar bis Anfang März. Die Samen der langen, zugespitzten Schoten sind eßbar.

STRELITZIA reginae   *Paradiesvogelblume*
(Strelitziaceae)   *Kranichkopf*

Eine bei uns bereits in vielen Blumengeschäften zu erwerbende Blütenpflanze, die in Südafrika beheimatet ist. Wie Erika, Geranien und Proteas
hat die mit den Bananengewächsen verwandte Art einen Siegeszug durch
die ganze Welt angetreten. Die exotische, formen- und farbenprächtige
Blüte ist nicht nur in allen botanischen Gewächshäusern der Welt vertreten, sondern beispielsweise auch zur Wappenblume von Los Angeles geworden. Die Blätter der Staude werden bis zu 2,5 m hoch und auf einem
ebenso hohen Stengel ruht ein kahnförmiges Deckblatt, aus dem sich die
roten bis orangefarbenen Kelchblätter und die blaulila bis blauvioletten
Kronblätter erheben. Bis zu 8 solcher Blüten stellen sich nach und nach
aus dem Schlitz des Kelchblattes auf.

TAMARIX
pentandra
(Tamaricaceae)

Wüstentamariske

Meist als Busch oder schlanker Baum in dürren und wüstenähnlichen —
sogenannten ariden — Landschaften anzutreffen und zwar dort an den
Orten, wo ab und zu Wassertümpel entstehen können. Während der Blütezeit ist der Baum übersät mit rosa Blütenähren. Das oft anzutreffende
graugrüne Aussehen der schuppenartigen, gezähnten Blätter kommt von
den Salzausscheidungen. Es gibt 80 Arten von Tamarisken und in Israel
werden enorme Wüstenflächen plantagenartig mit Exemplaren dieser
Gattung bepflanzt. Die »T. mannifera« liefert nach einem Stich der
Schildlaus »Coccus manniparus« das aus der biblischen Geschichte bekannte »Manna«, das aus dem zuckerhaltigen Saft des Stammes gebildet
wird.

WATSONIA
longifolia
(Iridaceae)

Trichterschwertel
Watsonia

Eine Blütenpflanze mit gladiolenähnlichen Blüten, die aber zu den
Schwertliliengewächsen zählt und deren bis zu 1 m hoher Stengel bis zu 20
Blütenkelche trägt, vorwiegend rosa gefärbt.
»W. ardernei« hat weiße, ab und zu bläulich schimmernde Blütenkelche.
In Südafrika gibt es 35 Arten dieser Gattung und alle haben einen Kelch
aus sechs Blütenblätter. Auf der Kaphalbinsel sind verschiedene Arten re-
lativ häufig anzutreffen.

Inhaltsverzeichnis der gelbblühenden Pflanzen

ACACIA erioloba, syn. A. giraffae *Kameldornakazie*
(Mimosoideae) *Giraffendorn*

Eine weitverbreitete afrikanische Akazienart, die auch in ihren Erscheinungsformen sehr vielseitig ist. Vom dornenübersäten Busch mit etwa 2 m
Höhe bis zum oft mehr als 18 m hohen Baum sind alle Zwischenformen
anzutreffen, vor allem in den ariden Gebieten Süd- und Südwestafrikas.
Die doppeltgefiederten Blätter treten in Büscheln von 2 bis 7 Stück aus
den Knoten der Zweige und Dornen hervor. Jede Blattfieder besteht aus
8 bis 18 Blättchenpaaren. Die an gelben Stielen angeordneten, sehr wohlriechenden goldgelben Blütenbällchen treten ebenfalls aus den genannten
Knoten heraus. Die Blütezeit liegt zwischen Juli und September. Die bis
zu 10 cm langen Dornen sind öfters an ihrer Basis aufgeschwollen und
gleichen dann denjenigen der »Flötenakazien«. Kennzeichnend für diese
Art sind die gebogenen, wie mit Samt überzogenen Samenhülsen, die an
langen Stielen hängen. Hülsen und Samen geben ein hervorragendes Futter für Wild und Haustiere. Bei Kühen wird sowohl die Milchqualität als
auch die Menge verbessert. Das sehr harte, dunkelbraune Holz ist resi-
stent gegen Termiten und andere Schädlinge. Der aus ihm fließende und

sich an der Luft erhärtende süße Gummisaft wird von den Eingeborenen gerne als Bonbon gegessen. Aus der Rinde wird ein ausgezeichnetes Mittel gegen Kopfweh gewonnen. Im übrigen ist der Volksname »Kameldorn« falsch und beruht auf einem Übersetzungsfehler aus dem Africaans, richtig muß es heißen »Giraffendorn«.

ACACIA karroo syn. A. natalitia *Zuckerdorn*
(Mimosoideae)

Auch diese Akazienart ist in Afrika weit verbreitet und tritt in zahlreichen
Erscheinungsformen vom Busch bis zum schattenspendenden etwa 15 m
hohen Baum auf. Immer aber fasziniert der sog. »Zuckerdorn« durch seine goldgelbe Blütenpracht in der Zeit von Oktober bis Januar. Die Rinde
der älteren Exemplare ist rauh und dunkelrotbraun bis schwärzlich, während die jungen Zweige und Äste glatt und rostrot sind. Die weißen bis zu
10 cm — gelegentlich sogar über 15 cm — langen Dornen sind sehr spitz.
Aus den Astknoten treten sowohl die doppeltgefiederten Blätter, als auch
die goldgelben, an 3-4 cm langen Stielen angeordneten, Blütenbällchen
hervor. Auch diese Blüten sind sehr wohlriechend und bilden durch ihren
Pollen- und Nektarreichtum eine regelrechte Bienentracht. Die Rinde ist
sehr reich an »Tannin« und daher zum Gerben verwendbar. Diese Akazienart zählt zu den wenigen Arten die frost- und trockenheitsunempfind-
lich sind, jedenfalls bis zu einem gewissen Grad.

ACACIA nilotica subsp. kraussiana *Duftschotenakazie*
syn. A. arabica
(Mimosoideae)

Dieser meist einstämmige Baum erreicht eine durchschnittliche Höhe von
6 m. Seine Krone läßt ihn oft mit der »A. tortilis« — der sog. »Schirmakazie« verwechseln. Eine einwandfreie Identifikation ist dann gegeben,
wenn die kettenförmig ausgebildeten, leicht gebogenen 16-20 cm langen
Fruchthülsen an den Zweigen hängen. Im Reifezustand sind sie schwarz.
Die weißen, gelegentlich auch bronzefarbenen Dornen sind durchschnittlich 3 cm, aber auch 8-12 cm lang und paarweise an den Zweigen angeordnet. Die sattgrünen doppelt gefiederten Blätter entspringen in Büschel
zu 3-5 Stück. Zwischen November und Januar ist die überreiche Blüte der
goldgelben Blütenbällchen und manchmal setzen die Bäume im März zu
einer 2. Blüte ein. Die Schoten strömen im Reifezustand einen süßen Duft
aus. Von dieser Art gibt es noch 7 Unterarten, bei allen ist das Holz rötlich und sehr hart, es sondert ebenfalls einen eßbaren gummiartigen süßen
Saft aus.

ACACIA pycnantha
(Mimosoideae)

Ägyptische Mimose

Ein kleiner bis mittelgroßer, an einen Eukalypthus erinnernder Baum, der aus Australien nach Afrika gekommen ist und dessen Zweige vorwiegend überhängend sind. Die Blätter werden von 8-18 cm langen und ca. 2 cm breiten, lederartigen Phyllodien — sogenannten Blattstielblättern — gebildet, d. h. der ursprüngliche Blattstiel hat sich verbreitert und ist an die Stelle der Blätter getreten. Die Blüten werden von goldgelben, zu dichten Trauben vereinigten Bällchen gebildet, die sehr wohlriechend sind. Die Blütezeit ist zwischen März und April. Die Früchte sind etwa 8-14 cm lange Hülsen mit deutlich sichtbaren Samenkernausbeulungen. Man begegnet dieser Art in fast ganz Afrika, vorwiegend in Nordafrika und im Süden.

ACACIA tenuispina　　　　　*Feindorn*
(Mimosoideae)

Ein Busch, der kaum höher als 2 m wird und dessen Hauptstamm kaum einen Durchmesser von mehr als 2 cm aufweist. Die Rinde ist dunkelbraun und bis zu 20 cm lange Dornen sind paarweise an den Ästen und Zweigen angeordnet. Sie sind silbrig weiß, an der Basis leicht geschwollen und verschiedentlich haben die nadelfeinen Spitzen eine rötliche Färbung. Aus den Drüsen der Äste entspringen die Fiederblätter und die auf kurzen Stielen sitzenden gelben Blütenbällchen, die sehr wohlriechend sind. Blütezeit ist von November bis Januar. Nach Aprilregenfällen setzt gerne eine 2. Blüte ein. Diese Art bildet mit »A. karroo« leicht Hybriden, die in ihrer Artzuordnung oft schwer zu bestimmen sind.

ALOE barbadensis   *Echte Aloe*
syn. A. vera
(Liliaceae)

Die Gattung der Aloe umfaßt mehr als 200 Arten und ist in Südafrika und Madagascar beheimatet. Die hier gezeigte Art ist bis auf das amerikanische Festland vorgedrungen und verwildert. Sie ist stammbildend, hat rosettenartig angeordnete, fleischige Blätter, die an den Rändern gezähnt sind. Die gelben Blüten stehen dicht zu einer 50 cm langen aufrechtstehenden Traube. Von der rotblühenden »A. ferox« wird der Blattsaft zu einer Droge verarbeitet und in der pharmazeutischen Industrie als Abführmittel verarbeitet. Größere Dosierungen führen zu Nierenschädigungen. Die hier gezeigte Art wird seit langem als Küchengewürz verwendet.

BERZELIA
galpinii
(Bruniaceae)

Berzelie

Die Berzelien bilden eine der zwölf Gattungen aus der Familie der Brunia-
ceen, die selbst zu den Rosengewächsen zählen, und ausschließlich ihren
Standort in Südafrika haben, wo sie beispielsweise an den Hängen der
Kaphalbinsel die Landschaft der »Capensis« mitprägen. Die nadelförmigen Blättchen geben den 60-80cm hohen Sträuchern das Aussehen junger
Fichten. Lediglich die endständigen, relativ dicken Blütenkugeln, die von
Art zu Art auch farblich Unterschiede von weiß bis gelb aufweisen, än-
dern diesen Eindruck. In letzter Zeit werden Berzelien in unseren Blumengeschäften als Schnittblumen angeboten, die durch ihre ätherischen Öle
einen erfrischenden Wohlgeruch verbreiten.

BRACHYCHITON
discolor
(Sterculiaceae)

Ein aus Australien eingebürgerter Baum, der verschiedentlich eine Höhe bis zu 15 m erreicht und bis zum Mittelmeerraum anzutreffen ist. Es sind 11 Arten bekannt. Die Triebe und die unregelmäßig gelappten (5‑7fach) Blätter sind leicht behaart. Sie werden bis zu 15 cm breit und besitzen eine herzförmige Basis. Die Blattunterseite ist hell bis weißlich. Der Blütenkelch ist trichterförmig und innen orangegelb oder rosa gefärbt. Die Außenseite ist rotbraun behaart. Alle Teile der Blüten sind fünfzählig. Das weiche Holz wird für Schachteln und Schindeln verwendet.

CASSIA alata
(Leguminosae)

Kerzenkassie
Gewürzrinde

Der ursprünglich aus Amerika stammende, um die 3 m hoch werdende Strauch ist in ganz Afrika heimisch geworden. Die »C. alata« hat gefiederte, große Blätter, die über einen halben Meter lang werden. Die einzelnen Blättchen stehen in 7 bis 15 Paaren und erreichen Durchschnittslängen von 7-10 cm. Die Nebenblätter sind dornig, die Blüten in ca. 50 cm langen Trauben an den Triebenden angeordnet. Die geschlossene Blütentraube ist braun und die einzelnen von unten nach oben sich öffnenden Blüten sind goldgelb. Die Fruchthülsen erreichen Längen zwischen 20 und 28 cm. Es gibt etwa 570 Cassia-Arten, die auf allen warmen Erdzonen verbreitet sind — mit Ausnahme derjenigen von Europa. Die hier gezeigte Art wird in der Pharmazie zur Herstellung von Heilmitteln gegen Hautflechten verwendet.

DIDELTA carnosa   *Pferdebusch*
(Compositae)

Ein Blütenbusch mit holzigen Hauptästen an denen endständig gelboran-
gefarbene, margeritenähnliche Blüten angeordnet sind. Die breiten, ovalen, grünen Blätter sind direkt unter den Blüten so angeordnet, als würden
sie für diese ein Nest bilden. Von August bis Oktober ist der Busch wie
mit einer Blütenkrone versehen. Er gedeiht in trockenen, warmen Zonen
Süd- und Südwestafrikas, vorwiegend im Namaqualand. Blätter und Stiele bzw. Äste haben eine sukkulente Struktur. Die »D. spinosa« ist leicht
mit der hier gezeigten Art verwechselbar, sie hat lediglich hellgelbe Blüten.

GREVILLEA robusta   *Silbereiche*
(Proteaceae)

Ein aus Australien eingebürgerter Baum, der in Ostafrikas Kaffeeplantagen vorwiegend als Schattenspender angepflanzt ist. Die dunkelgelben bis 30 cm lang werdenden Blütentrauben, die sich aus vielen einzelnen Blütenkelchen mit lang herausragenden Griffeln zusammensetzen, haben das Aussehen langgestreckter Nadelkissen. Die silberglitzernden, dunkelgrünen und fiederschnittigen Blätter sehen einem Farn sehr ähnlich. Das Holz gleicht unserem Eichenholz, daher dürfte auch der Volksname begründet sein.

**LEUCOSPER-
MUM
conocarpo-
dendron**
(Proteaceae)

*Federquasten-
protea*

Wohl die schönste Art aus der reichhaltigen Gattung der L., die nicht weniger als 47 Spezies umfaßt. Jeder Griffel der hier gezeigten Art ist von einem »Federmantel« umgeben, aus dem er sich herauslöst und dann zum
typischen »Nadelkissen«-Anblick der Blüte beiträgt. Die Ursprungsfarbe
ist gelb. Je älter die Blüte jedoch wird, desto dunkler wird ihre Farbe bis
hin zum Rot. Auf dem Bild ist deutlich das Heraustreten der Griffel aus
ihrer »Federumhüllung« erkennbar. Der buschartige Baum wird bis zu
5 m hoch und hat eine rötlichgraue glatte Rinde. Die tiefgrünen, am Ran-
de gezähnten Blätter erreichen Größen von ungefähr 15 × 6 cm.

MONODORA
stenopetala
(Annonaceae)

Ovaler Grünapfel

Ein Busch oder schmaler Baum, der vor allem im Dickicht der Galeriewäl-
der West-, Ost- und Südafrikas bis zu 8 m hoch wird. Im Gegensatz zu
»M. junodii« sind die Blätter und jungen Zweige samtartig. Die orchideenartigen Blüten sind gelblich und bisexual, die drei äußeren Petalen sind
bis zu 5 cm lang, aber sehr schmal und in sich gewellt. Sie gehen nach den
ersten Regenfällen im September oder Anfang April auf. Die ovale Frucht
enthält in einer hölzernen Schale viele Samenkerne, die von den eingeborenen Frauen zu Halsschmuck verarbeitet werden. Aber auch ein Gewürz-
öl wird durch Verpressen der Samenkerne gewonnen. Die Kultivierung
dieser Gattung ist jedoch sehr schwer, deshalb ist dieser Baum auch fast
überhaupt nicht in Parks, Gärten oder Anlagen anzutreffen.

PELTOPHORUM
africanum
(Caesalpinioideae)

Afrikarute
Regenbaum

Der zu den Johannisbrotgewächsen zählende, sowohl den Blättern nach als auch aufgrund seiner goldgelben, bis zu 30 cm lang werdenden Blütenrispen äußerst attraktive Baum ist in der Baumgrassavanne und in ebenen Tälern Afrikas südlich des Äquators beheimatet. Die doppeltgefiederten Blätter sind dunkelgrün. Die Blütezeit der langen, stehenden gelben Blütenrispen, deren einzelne Blüte in allen Teilen fünfzählig ist, beginnt ab Mitte September und geht bis Februar. Aus der Rinde gewinnen die Eingeborenen ein Heilmittel gegen Koliken und einen Absud als Mittel gegen Bauchweh, aber auch gegen Augenentzündungen. Das Stammholz setzt sich aus einem äußeren hellen Weichholzteil und einem dunklen Hartholzkern zusammen. Der Baum wird auch als »Regenbaum« bezeichnet, denn im Frühling »tropft« es von den Blättern herab. Es ist der sogenannte »Blatthonig«, der aber durch ein Insekt — Ptyelus grossus — im Zusammenwirken mit bestimmter Wärme und Luftfeuchtigkeit erzeugt bzw. hervorgerufen wird.

PLUMERIA
rubra
var. acutifolia
(Apocynaceae)

Frangipani
Westindischer
Jasmin

Ein als Baum oder Strauch von 3-7 m Höhe aus Mittel- und Südamerika stammendes »Hundsgiftgewächs«, dessen auf Trugdolden sitzende rote, gelbe oder weiße sehr wohlriechende Blütenkelche, das ganze Jahr über blühend, diesen Baum schmücken. Die Blätter sind breit lanzettartig bis länglich und mit gut sichtbaren Nervensträngen versehen. Die lederartigen, dunkelgrünen Blätter werden bis zu 35 cm lang und werden nur von den älteren Bäumen zwischen Dezember und März abgeworfen. Während dieser Zeit sieht man nur die leuchtenden Blütendolden auf den narbenüberzogenen Endtrieben der Zweige. Die Narben stammen von den Blattstielansätzen, so wie man dies beispielsweise auch bei den Palmen kennt. Der latexartige Saft von Stamm und Blüte ist giftig, wird aber in der Pharmazie für Rheumamittel und Heilsalben für Hautkrankheiten verwandt.

PROTEA
lorifolia
(Proteaceae)

Riemenblättrige
Protea

Vorwiegend als 1-2 m hoher Busch vorkommende Protea-Art, deren rie-
menförmige, ledrige Blätter ihr den Namen gegeben haben. Diese Blätter
werden fast 25 cm lang und bis zu 4 cm breit. Frisch aufgegangene Blätter
sind samtartig behaart. Die zwischen einem olivgelb und dunkelgelb gefärbten Nebenblütenblätter der 10-12 cm langgestreckten Blüten sind
häufig durch die Blätter verdeckt. Blütezeit ist von Mai bis August.

SENECIO
brassica
(Compositae)

Kohlsenecia

Das zu den sogenannten »Riesenkreuzkräutern« zählende Gewächs besiedelt die Höhenregion um 3 300 - 3 500 m — an einzelnen Stellen am Mt. Kenia, wie dieses Bild zeigt, auch knapp 4000 m Höhe — der ostafrikanischen Gebirgsregion, die auch »Nivalstufe« genannt wird. In erster Linie werden die Hochmoorlandschaften des Kilimandscharo und des Mt. Kenia besiedelt. Der riesige, mit Hunderten von typischen gelben Senecienblüten überladene Blütenstand erreicht Höhen von 2 m. Die verwelkten Blüten nehmen eine purpurne Farbe an, so daß der Blütenstand aus einer gewissen Entfernung wie marmoriert aussieht. Die auf der Unterseite hell und silbrig leuchtenden, auf der Oberseite jedoch hellgelbgrünen Blätter bilden weithin sichtbare und die Moorlandschaft belebende Rosetten bis zu einem Durchmesser von einem halben Meter. Übrigens, es gibt im gesamten Weltpflanzenreich nicht weniger als 3000 Senecienarten.

SOLANDRA
nitida
(Solanaceae)

Trompetenblume
Goldkelch

Eine aus dem tropischen Amerika stammende Kletterpflanze, wird vor allem in Parks, Villengärten oder Hotelanlagen angepflanzt und da der
Afrikareisende unweigerlich mit ihr Bekanntschaft macht, sei sie hier angeführt. Es handelt sich um ein Nachtschattengewächs, dessen riesige, bis
zu 25 cm lange und »kuchentellergroße« Blütenkelche hellgelb aus einem
Gewirr von dunkelgrünen, breitelliptischen Blättern herausleuchtet. Der
glockenförmige Blütensaum wird im erblühten Zustand von fünf zurück-
geschlagenen Lappen des Kelches gebildet, der im befruchteten Zustand
eine kugelige zweifächrige Fruchtbeere bis zur Reife umschließt. Die Blüte
strömt insbesondere bei Nacht einen sehr starken, wohlriechenden Duft
aus.

TECOMA stans
syn. Stenolobium
stans
(Bignoniaceae)

Gelber
Trompetenbaum

Dieser aus Mittelamerika stammende und über weite Gebiete ganz Afrikas verbreitete Blütenbaum wird bis zu 6 m hoch, ist jedoch vorwiegend in Buschform anzutreffen. Die gelben, in endständigen Rispen oder Trauben zusammengefaßten Blüten sind glockig-trichterförmig, gelb und werden bis zu 6 cm lang. Die stark gerippten und an den Rändern gezähnten Blättchen von etwa 8-10 cm Länge sind mit 3 bis 5 Paaren zu einem Fiederblatt zusammengefaßt. Die Früchte bilden 15-25 cm lange, schmale, am Ende zugespitzte Kapseln. Von der Gattung »Tecoma« sind 16 Arten bekannt.

THEVETIA
peruviana
syn. Th. nerrifolia
(Apocynaceae)

Gelber Oleander

Auch dieser Blütenstrauch oder Baum ist aus Südamerika in Afrika eingebürgert worden. Es handelt sich um eine immergrüne Oleandergattung,
die in Baumform Höhen von 6-8 m erreicht. Die wechselständig angeordneten lanzettlichen Blätter sind glänzend dunkelgrün und werden zwischen 15 und 20 cm lang. Die wohlriechenden Blütenkelche setzen sich aus
fünf gewundenen Blütenblättern zusammen. Die Blüte erreicht eine Länge von 7-8 cm und einen Durchmesser von etwa 5 cm und ist in endständigen Trugdolden angeordnet. Alle Pflanzenteile sind giftig und enthalten
»Thevetin«, aus dem ein starkes Mittel gegen Fieber hergestellt wird. Der
aus Schnittwunden des Stammes oder der Äste fließende milchige Saft ist
jedoch ungiftig. Die etwa 2,5 cm große eckige Frucht färbt sich bis zur
Reife von Grün über Rot bis zum Schwarz.

TITHONIA
diversifolia
(Compositae)

Sonnenstern

Eine Gattung aus der zweitgrößten Familie der Bedecktsamer (Angiospermen), die mit ihren mehr als 19000 Arten nur noch von den Orchideengewächsen übertroffen wird. Die hier gezeigte Tithonia mit ihren meist dreifingerigen dunkelgrünen Blättern kam von Mexiko nach Afrika und ist dort weitverbreitet als sogenannter »lebender Zaun«, insbesondere für die Begrenzung von Weiden, denn das Weidevieh frißt diese Sträuche, die bis zu 3 m hoch werden, nicht an. Die für die Compositen typischen gelben Blütenstände ähneln beispielsweise den bei uns bekannten Topinamburblüten. Die Blütezeit geht von Mai bis fast in den Oktober hinein.

Inhaltsverzeichnis der weißblühenden Pflanzen:

ACACIA abyssinica subsp. calophylla *Abessinische Akazie*
syn. A. xiphocarpa
(Mimosoideae)

Die Stammart »A. abyssinica« ist in ihrem Vorkommen ausschließlich auf
Aethiopien beschränkt und alle in Ost- und Südafrika vorkommenden
Arten zählen zur Subspezie »calophylla«. Der 12-15 m hoch werdende
Baum mit seiner einer Schirmakazie ähnelnden Krone kommt im höher
gelegenen Waldland oder in bewaldeten Bergtälern vor. Seine Rinde ist
rauh und schwärzlich braun, bei jungen Bäumen ist sie glatt und schält
sich in papierdünnen Schichten. Die jungen Zweige sind mit feinen grau-
gelben Härchen besetzt. Die Fiederblättchen entfalten sich nach der Blütezeit, die zwischen Oktober und Dezember liegt. Die Blüte selbst bildet
ein weißes Bällchen, das sehr wohlriechend ist. Die Früchte sind 10-15 cm
lange, unten zugespitzte, braune Hülsen.

ACACIA drepanolobium *Schwarzgallen-Akazie*
(Mimosoideae) *Flötenakazie*

Eine eigentümliche Art, die vorwiegend im Graslandbecken vorkommt, in denen sich das Wasser der Regenzeit staut und nicht abfließen kann. In solchen sehr tonigen Böden dringt das Wasser nur in geringe Tiefe ein. Während der Trockenheit sind diese Böden steinhart und mit tiefen Rissen übersät. In solchen Gebieten ist die oben genannte Akazienart sehr weit verbreitet. Es gibt noch mehrere Arten von Flötenakazien, wovon die obige Art insbesondere mit der »A. seyal var. fistula« relativ leicht verwechselt wird.

Da die oben genannten Gebiete selten von Buschbränden heimgesucht werden, andererseits aber kaum eine geschlossene Grasdecke zu finden ist, und wenn doch vorhanden, dann meist total überweidet, verbleibt im Boden durch den Mangel an Wasserverdunstung relativ viel Wasser, so daß alle Keimlinge von Holzpflanzen — in erster Linie der genannten Akazienart — durchkommen.

An der Basis der beiden bis zu 8 cm langen Nebenblattdornen sitzen kugelförmige Gallen. Diese werden im frischen, noch weichen Zustand von Ameisen angebohrt und zu Nestern ausgebaut. Geht nun ein Wind, so erzeugen aufgrund der Bohrlöcher diese Gallen Töne. Dieser Umstand verschaffte dieser Art den Volksnamen »Flötenakazie«.

Die weißen, wohlriechenden Blüten — auf kurzen Stielen stehend — und die Fiederblätter bilden sich in der Regenzeit.

ACACIA galpinii   *Affendorn*
(Mimosoideae)

Der »Affendorn« ist ein schöner, bis zu 20m — verschiedentlich auch
noch höher werdender — Baum, der im offenen, baumbestandenen Gras-
land entlang der Flüsse oder Bäche gedeiht. Die korkartige rauhe Rinde
ist braun und weist tiefe Risse in der Längsrichtung auf. Die hakenförmi-
gen Dornen sind paarweise an den Ast- und Zweigknoten. Die Blüten gleichen Flaschenbürsten, sind cremefarbig bis gelblich und haben rote
Kelch- und Blütenblätter. Die fast 30 cm lang werdende Hülse ist rötlich
bis purpur. Die Blätter sind doppelt gefiedert. Das sehr harte Holz ist
schwer bearbeitbar, gibt aber Möbelholz der Spitzenklasse. Diese Art läßt
sich relativ gut kultivieren und ist auch etwas frostbeständig. Hier sei er-
wähnt, daß ein Umpflanzen von Akazien infolge des intensiven und lang-
anhaltenden Kloakengeruches sehr unangenehm ist.

ACACIA gerrardii　　*Rotdorn-Akazie*
Syn. A. hebecladoides　*grauhaarige Akazie*
(Mimosoideae)

Ein echter Savannenbaum mit schirmartiger Krone, meistens mehrstäm-
mig mit Höhen bis zu 8 m. Die graue bis rötlichbraune Rinde ist vorwiegend rissig, verschiedentlich aber auch glatt. Die jungen Zweige sind
samtartig behaart, so daß sie einen silbrig grauen Anblick bieten. Die
graubraunen Dornen mit dunkelbrauner Spitze sind sowohl in gerader als
auch in gekrümmter, hakenförmig gebogener Gestalt anzutreffen. Aus
den Dornenansätzen an den Astknoten entspringen auch die weißen Blütenbällchen, die im Knospenzustand rötlich gefärbt sind, wie das Bild
zeigt. Die doppeltgefiederten Blätter sind mit Haarfransen versehen. Die
8 - 18 cm lang werdenden Hülsen mit 8 bis 10 Samenkernen sind ebenfalls
grau behaart und werden zwischen Dezember und April reif. Die Blütezeit
ist von Oktober bis Januar.

ACACIA hebeclada subsp. hebeclada *Kerzen-Akazie*
syn. A. stolonifera
(Mimosoideae)

Diese für den Süden Afrikas charakteristische Akazienart, die sowohl als
Busch als auch als Baum mit Höhen bis zu 7 m insbesondere die Kalaharie
besiedelt, ist laubabwerfend. Die Rinde ist vorwiegend glatt und schwarz,
während die jungen Äste und Zweige oliv- bis bronzefarben sind. An den
Drüsen entspringen paarweise die leicht gekurvten, d.h. hakenförmig ge-
krümmten Dornen. An kurzen Stielen sitzen die weißen bis gelblichen
Blütenbällchen.

Die wie Kerzen aufrechtstehenden Samenhülsen haben dieser Spezie den Namen gegeben. Das Holz ist sehr hart, aber schön gemasert und dunkelbraun. Insgesamt gibt es 3 Subspezies: »subsp. hebeclada«, »subsp. tristis« — mit fast 25 cm langen gebogenen und hängend angeordneten Hülsen — und »subsp. chobiensis«, deren Hülsen wieder aufrechtstehen und behaarte Blätter aufweist. Letztere Art ist in Botswana und Südwestafrika weit verbreitet. Blütezeit ist von Juli bis Anfang Oktober.

ACACIA hereroensis   *Bergdorn,*
syn. A. mellei   *Bergakazie*
(Mimosoideae)

In Süd- und Südwestafrika sowohl als Busch als auch als Baum anzutreffende Akazienart. Im letzteren Fall erreicht sie Höhen von 10 m und einen Stammdurchmesser von 80-90 cm. Die braungraue Rinde ist längsris-
sig und bildet gerne rechteckige Platten. Die jungen Zweige haben eine
leicht purpurne Färbung und sind glatt. Aus den Drüsen entspringen die
doppeltgefiederten Blätter und die weißen Blütenähren, die sehr wohlriechend sind. Diese Ähren können bis zu 8 cm lang werden. Blütezeit ist
von Dezember bis Februar. Die geraden, an den Enden zugespitzten Samenhülsen umschließen 5-8 runde Samenkerne. Diese Art ist leicht mit
»A.caffra« zu verwechseln, jedoch sind die Blätter der letzteren größer
und auch die Blüten stehen im Gegensatz zur obigen Art in Büscheln.

ACACIA tortilis subsp. heteracantha *Schirmdorn*
syn. A. heteracantha, A. litakunensis *Schirmakazie*
(Mimosoideae)

Die wohl bekannteste und weitverbreitetste Art aus der Gattung der Akazien. Teils als Busch, teils als Baum und teils als mehrstämmiger Buschbaum mit Höhen von 5-20 m vorkommend, weist diese Art zwei charakteristische Merkmale auf, einmal die einem Schirm ähnlich weit ausladende Krone und zum andernmal die eingerollten, oft spiralförmig gebogenen, verschlungenen Samenhülsen. Die rissig wirkende Rinde ist grau bis
dunkelbraun, die Dornen kommen in vielfältiger Ausgestaltung vor, einmal gebogen, das anderemal gerade, außerdem in fast allen Längen, wobei diese Längenunterschiede und auch die verschiedenen Formen auf ein
und demselben Ast oder Zweig schon vorzufinden sind.

Die doppelt gefiederten Blätter entspringen an den dornigen Nebenblättern und weisen eine blaugrüne bis graugrüne Färbung auf. Die überreich mit weißen, wohlriechenden Blütenbällchen übersäten Äste scheinen sich unter der Blütenlast zu biegen. Blütezeit ist von November bis Januar. Es gibt vier wesentliche Unterarten, von denen sich die »subsp. spirocarpa« durch die längeren Blütenstiele und samtartig behaarten jungen Zweige am deutlichsten abhebt. Die Blätter und die Hülsen bilden für Wild und Weidetiere ein beliebtes und sehr nahrhaftes Futter. Das Holz ist weißlich und weich.

ADANSONIA digitata   *Baobab, Teufelsbaum,*
(Bombacaceae)   *Affenbrotbaum*

Ohne Zweifel der markanteste Baum der Tropen, der in blattloser Zeit aussieht, als wäre er verkehrt gewachsen, d.h. mit den Wurzeln zum Himmel. Deshalb auch der Name »Teufelsbaum«. Ein Gigant voller Kraft und Leben, dessen Bestand in Kenia z.B. durch die Elefanten mehr als dezimiert worden ist, denn sein überdimensionaler Stamm weist ein sehr saftiges aber auch sehr weiches Holz auf, das den Stoßzähnen der Elefanten nicht gewachsen ist. Daß so ein auffallender Baum sagenumwoben ist, bedarf keines besonderen Hinweises. So heißt es beispielsweise, daß ein Sud mit eingelegten Baobab-Samenkernen ein sicheres Schutzmittel gegen Krokodilangriffe ist, oder ein Sud aus der Baumrinde demjenigen Macht und Kraft verleiht, der diesen Sud trinkt. Zweifellos ist, daß viele Tiere von, mit und in dem Baume leben. Die bis zu 20 cm groß werdenden handteiligen Blätter sind dunkelgrün und leicht behaart. Der Blattstiel wird bis zu 12 cm lang. Die großen weißen Blüten erreichen ebenfalls eine Länge von oft mehr als 20 cm, sind bisexual und alle Blütenteile sind fünfzählig. Affen, Fledermäuse und manche andere Tiere fressen sie besonders gern. Die Dauer der einzelnen Blüte ist nur sehr kurz, kaum länger als 2 Tage. Die Blütezeit ist von Oktober bis Dezember, aber man findet über das ganze Jahr über Bäume mit vereinzelten Blüten. Die ovalen bis über 30 cm lang werdenden Früchte sind mit einer harten Schale umgeben, die gelblich-grau und samtartig behaart ist. Die zahlreichen Samenkerne lagern in einer weißlichen bis zitronenfarbigen pulverigen Masse, die sehr erfrischend schmeckt und auch zur Herstellung von Getränken verwendet wird. So ein Trank ist ein fiebersenkendes und gegen Skorbut wirkendes Heilmittel.

AGAPANTHUS
africanus
(Liliaceae)

Afrikalilie
Lilie des Nils

Diese aus Südafrika, speziell vom Cap der guten Hoffnung stammende Lilie gibt es mit schneeweißen oder blaulila Blüten, die in großer Anzahl eine Dolde bilden, die auf einem bis zu 70 cm langen, glatten Stiel sitzen. Die lederigen grünen Blätter weisen Maße von etwa 25 cm Länge und 1 cm Breite auf.
Diese mehrjährige Pflanze gedeiht auch recht gut in Töpfen bei uns als Balkon- oder Terrassenschmuck. Vor Frosteinbruch muß sie jedoch zum Überwintern in die Wohnung etc. gebracht werden.

ARGEMONE
munita
syn. A.
polyanthemos
(Papaveraceae)

Distelmohn

Eine der 47 Gattungen mit 700 Arten aus der Familie der Mohngewächse. Die hier gezeigte Gattung und Art ist über fast alle Tropengebiete verbreitet. Der Autor hat sie sowohl in West-, Süd- und Ostafrika angetroffen, wie auch in den ariden Gebieten Nord- und Mittelamerikas. Die großen weißen Mohnblüten sitzen auf blaugrünen stachelbewehrten Stengeln. Auch die Blätter enden in ihren Spitzen und Lappen in scharfe Dornen. Die Samenkapsel enthält wie alle Mohnkapseln viele kleine Samenkerne, die ölhaltig sind

**BOSCIA
mossambicensis
syn. B.
welwitschii**
(Capparaceae)

Breitblattboscia

Der zu den Kaperngewächsen zählende buschartige Baum erreicht Höhen
bis zu 6 m und besiedelt die afrikanischen Savannenniederungen. Die
Rinde der älteren Stämme bzw. Äste ist graubraun, während die jungen
Zweige eine grünlich gelbe Rinde aufweisen. Die Blätter sind im Gegensatz zu anderen Boscia-Arten lang und breit, etwa 7x4 cm, und dunkelgrün. Die gelben Nervenstränge sind deutlich sichtbar. Die Blüten stehen
in Dolden bis zu 20 Stück an den Enden der Zweige. Die Einzelblüte ist
sehr attraktiv, wie das Bild zeigt. Blütezeit ist von April bis Juni. Die
Früchte haben eine sphärische Form und sind im Reifezustand gelblich bis
rot.

CEIBA pentandra   *Kapokbaum*
(Bombacaceae)

Das Wollbaumgewächs aus derselben Familie wie der Baobab. Das unverwechselbare charakteristische Merkmal dieser Art sind die enormgroßen Brettwurzeln, die den bis zu 40 m und darüber hoch werdenden Stamm stützen und mit Nahrung versehen. Die Blätter sind mehrfingerig, meistens 7 längliche, zugespitzte Blätter, die alle in einen langen Stiel münden, ähnlich unseren Roßkastanienblätter, wenn man nur die Gesamtform des Blattes betrachtet. Die weißen Blüten stehen endständig gebüschelt an den Zweigspitzen. Die Äste verlaufen fast waagrecht vom Stamm weg. Die etwa 15 cm lange lederige Samenkapsel ist dicht gefüllt mit Wolle — dem KAPOK — in der die Samenkerne eingebettet sind.

Diese Wolle geht von den Samenschalen und nicht wie sonst meistens von den Samen aus. Erst in neuerer Zeit wurden Verfahren entwickelt, damit der Kapok auch verspinnbar ist. Besonders geeignet ist der Kapok als Füllung für Schwimmwesten bzw. als Trag- und Stabilisierungskörper für die Fälle, die starken äußeren Belastungen unterworfen sind und luftgefüllte Behälter einer großen Zerstörungsgefahr unterworfen sind, denn seine Tragfähigkeit hat bisher alle anderen Materialien bei weitem übertroffen und ist erst in neuerer Zeit durch Styropor in dieser Eigenschaft überflügelt worden. Durchschnittlich das 40fache seines Gewichtes kann eine Kapokfüllung tragen, außerdem trocknet sie äußerst rasch und gewinnt ihre Eigenschaften sofort wieder.

CYPHOSTEMMA
currorii
syn. Cissus
currorii,
Cissus
cramerianus.
(Vitaceae)

Kobas

Ein typischer Baum der Wüstenregion, insbesondere der Namibwüste, wo er an Felsstandorten anzutreffen ist. Der sukkulente Stamm ist weich und sehr saftig bzw. wasserhaltig und erreicht Höhen bis zu 7 m. Die Rinde ist gelblich bis bräunlich, schält sich papierförmig. Die hellgrünen Blätter sind 3-fingerig und werden bis zu 30 cm lang. Die einzelnen »Blätterfinger« sind breit-elliptisch und haben einen gezahnten Rand. Die kleinen gelbgrünen Blüten sind unscheinbar und stehen in sogenannten Trugdolden, die einen Durchmesser bis 20 cm aufweisen können. Blütezeit ist von September bis November. Die traubenähnlichen Früchte werden im Reifezustand rot und sind durch ihren hohen Oxalsäuregehalt sehr giftig.

EUCALYPTUS
delegatensis
(Myrtaceae)

Eukalyptus

Eine der 500 aus Australien stammenden Arten, die für die Wiederaufforstung von ariden Gebieten Afrikas bereits einen beachtlichen Platz einge-
nommen hat. Alle Teile des Baumes sind aromatisch. Der gerade Stamm
erstreckt sich bis zu Höhen von 55-60m. Der untere Stammteil hat eine
rauhfaserige Rinde, während der obere Teil eine glatte sich in weißlichen
bis graublauen Rindenstreifen, die sich ablösen, auszeichnet. Junge Triebe sind rot, allerdings ist dieses Merkmal bei vielen Akazienarten anzutreffen. Die wechselständigen Blätter haben eine breit-lanzettliche Form
und werden bis zu 15 cm lang und etwa 4 cm breit. Die weißen Blüten stehen in Dolden von ca. 15 keulenförmigen Blütenkelchen. Die typische Eu-
calyptusfrucht stellt einen 1 cm langen, birnenförmigen Becher dar.

Helichrysum paniculatum
(Compositae)

Immortelle
Strohblume

Aus der über 500 Arten umfassenden Gattung der Korbblütler sind vor allem in Südafrika viele Arten vertreten. Die hier gezeigte Art weist zu einer endständigen Dolde zusammengefaßte Blüten mit gelbem »Korb« auf, die auf einem samtartig silbrig behaarten Stengel von durchschnittlich 50-70 cm Höhe sitzen. Die wechselständigen lanzettartigen Blätter sind ebenfalls dicht behaart und samtartig silbrig glänzend. Die vorliegende Aufnahme wurde auf einer Höhe von 3.600 m am Mt. Kenia gemacht. Blütezeit ist von September bis Oktober.

PYRETHRUM
roseum
syn. P.
coccineum
(Compositae)

Pyrethrum

Die Blüten dieser Gattung liefern ein hochwirksames Kontaktinsektizid, so daß es in Ost- und Südafrika zu einem plantagenmäßigen Anbau dieser Pflanzen kommt, der von Jahr zu Jahr mehr Devisen abwirft. Da Pyrethrum als Insektizid für Mensch und Tier — ausgenommen die Insekten — absolut unschädlich ist — was man von den chemischen Insektiziden nicht immer sagen kann — steigt insbesondere im Hinblick auf die verstärkten Anstrengungen im Umweltschutzbereich, die Nachfrage rapid an. Blätter und Stengel enthalten starke Aromastoffe und ätherische Öle.

SCHINUS molle
(Anacardiaceae)

Pfefferbaum

Dieser aus Süd- und Mittelamerika — vor allem Peru — stammende Baum zählt zur 30 Arten umfassenden Gattung Schinus und die abgebildete Art hat sich in ganz Afrika bis zum Mittelmeerraum eingebürgert. Die rundkronigen immergrünen Bäume mit ihren überhängenden Ästen und Zweigen und den gefiederten Blättern ist in fast allen Anlagen, Gärten und Parks anzutreffen. Die langen Blütenrispen weisen weiße Sternchen auf, die zu feuerroten Steinfrüchten reifen, welche einen pfefferartigen Geschmack haben, aber nicht als Gewürz verwendbar sind. Wenn man ein Fiederblättchen zwischen den Fingern verreibt, so strömt ein starker, langanhaltender Pfeffergeruch aus. Blütezeit ist vorwiegend von März bis Ende April. Die bis zu 15 m hoch werdenden Bäume sind leicht kultivierbar und vermehren sich fast unkrautartig.

SPARRMANNIA
africana
(Tiliaceae)

Kap-Stockrose

Bei uns als »Zimmerlinde« bekannt und weit verbreitet. In Südafrika beheimatet, kommt die genannte Art von Äthiopien bis Ost- und Westafrika
als Busch oder als schlanker Baum mit Höhen bis zu 7-8 m vor. Sowohl
die hellgrünen dichtbehaarten großen Blätter, als auch die endständigen
Blüten-Scheindolden haben dieses Gewächs so weltweit als Zimmerpflanze beliebt gemacht. Die etwa 3,5 cm großen weißen Blüten haben im Zentrum der Staubblätter einen goldgelben Fleck und purpurfarbene Tüpfel-
chen. Blütezeit ist vorwiegend zwischen Juni und November.

STRELITZIA nicolai   *Natal-Strelitzia*
(Strelitziaceae)   *Wild-Strelitzia*

Abgesehen von der farbenprächtigen »St. reginae« sind die übrigen drei
Arten dieser Gattung, die alle in Südafrika beheimatet sind, voneinander
nur schwer zu unterscheiden, denn lediglich die Blüten und der natürliche
geographische Standort setzen diese Unterschiede. Die hier gezeigte 8-
10 m hoch werdende Art trifft man in den Wäldern an der südafrikanischen Küste des indischen Ozeans. Die bananenstaudenähnlichen Blätter
werden bis zu 2 m lang und erhalten durch den Wind Einrisse, die langen
dicken Stiele sind gezahnt.

Die Stielansätze greifen übereinander und bilden am Stamm Narben. Die Blüte ist in ihrer Struktur außerordentlich mannigfaltig und originell. Sie setzt sich eigentlich aus 4 bis 5 Einzelblüten bzw. Einzelblütenscheiden zusammen, d.h. aus rötlichbraunen bis schwärzlichen, holzartigen und bootförmigen Blütenscheiden, die sich untereinander jeweils in einem rechten Winkel versetzt an einem Stiel übereinanderreihen, stellen sich die weißen Blütenblätter auf. Bei der »St.alba« aus dem Kapland wird die gleiche Blüte, jedoch einzelständig gebildet. Bei der »St.caudata« aus Transvaal sind die Petalen blau bis malvenfarbig. Blütezeit ist fast das ganze Jahr über, insbesondere aber zwischen Juli und Dezember.

Die vorgenannten Strelitzia-Arten werden vom Laien auch gerne mit der »Ravenala madagascariensis« — dem sogenannten »Baum des Reisenden« — verwechselt. Dieser ist aber in Blatt- und Stammwuchs, den Blattüberlappungen und der Blattausbildung auffallend geometrischer und exakter ausgebildet als die Streliciaceaen.

TECTONA grandis
(Verbenaceae)

Teakholzbaum
indische Eiche

Dieser aus dem ostasiatischen Raum stammende, bis zu 60 m hoch werdende Baum hat sich in den Wäldern Ost- und Westafrikas angesiedelt und wird wegen seines vielbegehrten Holzes plantagenmäßig und zur Aufforstung angebaut, beispielsweise in Togo, Nigeria und Kamerun. Aus dem Stamm eines gefällten Baumes entwickeln sich neue Stämme, die allerdings dann nicht mehr den Umfang des ursprünglichen Stammes bekommen. Das Holz ist hart und schwer und enthält in frischem Zustand ein Öl, das als sogenanntes »Leinöl« verwendet wird.

Die Blätter erreichen Längen bis zu 50 cm, sind eiförmig und an der Unterseite weißlich behaart. Die weißen Blüten — manchmal sind sie auch bläulich — stehen in endständigen großen Rispen und bilden kugelige, vom aufgeblasenen Kelch umhüllte Früchte heran. Blütezeit ist von Juni bis September und die Blütenform ähnelt derjenigen unserer Roßkastanie. Blüten, Blätter und Rinde werden in der Pharmazie verwendet. Die Blätter enthalten einen purpurroten Saft, der zum Färben von Seide, Baumwolle etc. hergenommen wird.

**YUCCA
elephantipes
syn. Y.
guatemalensis**
(Liliaceae)

*Baumyucca
Palmlilienbaum*

In fast ganz Afrika haben sich die zur Gattung der Agavengewächse mit
vielen Arten und Hybriden zählenden YUCCAS angesiedelt. Die Unter-
scheidung aufgrund der vielen Zwischenformen ist oft kaum möglich. Die
hier gezeigte Art jedoch ist unverwechselbar. Der vielstämmige Baum
wird bis zu 10 m hoch und hat als Charakteristikum Basisschwellungen an
den Stämmen. Die länglich lanzettlichen Blätter — 80-120 cm lang —
sind an den Rändern schwach gezähnt und von dunkler blaugrüner Farbe.
Die elfenbeinfarbenen 6-8 cm langen Blütenglocken hängen zu einer bis
80 cm hohen vielblütigen, endständigen Rispe. Die Krone der Einzelblüte
ist breit und glockig, alle Blütenteile sind sechszählig.

ZANTEDESCHIA
aethiopica
(Araceae)

Weiße Arumlilie
Zimmercalla

Die auch bei uns sehr bekannte Pflanze, die fälschlicherweise »Zimmercalla« genannt wird, stammt aus Südafrika und ist dort in allen Gebieten, die nicht zu trocken sind, weit verbreitet. Der Autor fand aber auch wildstehende Exemplare auf über 3000 m im Aberdeergebirge und am Mt. Kenia. Die langgestielten Blätter weisen herzförmige Spreiten auf. Der Blütenschaft von nahezu 1 m Höhe trägt einen gelben Kolben, der von einem weißen Scheidenblatt ummantelt ist. Der unterirdisch liegende knollenähnliche Stamm ist giftig.

Inhaltsverzeichnis der blaublühenden Pflanzen:

CALODENDRUM
capense
(Rutaceae)

Kap-Kastanie

Der zwischen 8 und 20 m hoch werdende immergrüne Baum ist in Ost-
und Südafrika weit verbreitet und auch noch in Höhen um 2000 m anzutreffen. Die Rinde ist glatt und grau, die gegenständigen Blätter sind dunkelgrün und relativ groß, von elliptischer Form. Die Längen schwanken
zwischen 15 und 20 cm, die Breiten zwischen 5 und 8 cm. Die jungen Triebe sind behaart. Die zu einer endständigen Rispe ausgebildeten 5-zähligen
Blüten sind lila mit roter oder purpurfarbener Zeichnung.

Blütezeit ist von Oktober bis Dezember. Die mit 3,5 cm relativ große Frucht stellt eine 5-klappige braune Kapsel dar, deren Außenseite sog. Warzen aufweist und schwarze, haselnußgroße Samen umschließt. Das Holz ist hart, aber generell sehr nützlich. Der Baum läßt sich gut kultivieren und wird in vielen Gärten und Anlagen gepflanzt.

CHORISIA ventricosa   *Wollbaum*
(Bombaceae)   *Florettseidenbaum*

Ein aus dem tropischen Amerika stammender Baum, der aber sowohl in Ost- und Westafrika als auch im Süden Afrikas häufig anzutreffen ist, vor allem als Anlagen- und Alleebaum. Das Charakteristikum dieser Gattung sind die dicht mit Stacheln übersäten Stämme mit ihrer auffallend grünen Rinde. Die handförmigen Blätter setzen sich aus 5-7 ganzrandigen, lanzettlichen Einzelblätter zusammen.

Die endständigen, bis 15 cm im Durchmesser großen Blüten weisen 5 Blütenblätter aus einem becherförmigen Kelch auf, die rosa bis lila gefärbt sind und im Zentrum in 2 Röhren zusammengewachsene Staubblätter aufweisen. Die Antheren sind weiß. Die Frucht ist birnenförmig und umschließt dichtbehaarte Samenkerne.

**CLERODENDRUM
ugandense**
(Verbenaceae)

*Schmetterlingsbusch,
blauer Katzenbart*

Diese sehr leicht mit »C. myricoides« verwechselbare Art ist im Süden und Osten Afrikas weit verbreitet, hauptsächlich in Buschform auf felsigem Untergrund und gerne in Gemeinschaft mit Termitenhügeln. Die Rinde der Stämme ist grau, die gegenständigen Blätter sind hellgrün, oval und etwa 10 × 3 cm in Länge und Breite, beide Seiten gelegentlich auch behaart. Der kurze Blattstiel und die jungen Triebe sind ebenfalls behaart. Die attraktiven blauen Blüten sind manchmal purpurfarbig. Die vierlappige Frucht wird rot und ist im vollreifen Zustand schwarz. Sie ist eßbar. Blütezeit ist von Oktober bis Januar. Die zerriebenen Blätter geben einen unangenehmen Geruch ab. Aus der Astrinde wird ein Mittel gegen Fieber und Diarrhoe hergestellt.

**COMMELINA
benghalensis**
(Commelinaceae)

Tagblume

Eine in Asien und Afrika weit verbreitete Art der Commelinengewächse,
die nur in den tropischen oder subtropischen Ländern vorkommen. Bevorzugt sind die Sandstrände des indischen Ozeans. Die oben genannte
Art hat auffällig schöne himmelblaue Blüten, die sich abends schließen.
Von den 3 Blütenblättern sind die beiden oberen größer als das untere
dritte Blatt. Aber das sind nicht die einzigen Blüten, die die Pflanze hat,
denn sie besitzt unterirdisch noch Stände mit geschlossenen Blüten, die
durch Eigenbefruchtung Erdfrüchte bilden. Die Zulus verwenden diese
Art für medizinische Zwecke und verschiedene andere afrikanische Einge-
borene verwenden die Erdfrüchte als Nahrungsmittel.

GREWIA similis　　　*Purpurrosine,*
(Tiliaceae)　　　　　　*Purpurgrewia*

Von den Blüten und den Blättern her eine ausgesprochen schöne Gattung tropischer Büsche und Bäume, die in einer Vielzahl von rund 160 Arten in allen Tropengebieten Afrikas vorkommt, vor allem im Süden. Die jungen Zweige und die Blütenkelche sind borstenartig behaart. Bei verschiedenen Arten sind es auch die Blätter. Letztere sind tief dunkelgrün mit auffallend ausgebildeten und gelb gefärbten Nervensträngen. Die achsel- und endständig angeordneten Blüten — meistens zwischen drei und acht Stück — zeigen die für die Gattung typische Form von dicken Kelchblättern, die größer sind als die Blütenblätter und ein haariges Anhängsel an der Basis. Eine Vielzahl von Staubblättern sind im Zentrum der Blüte zu einem Pinsel geformt. Alle Blütenteile sind fünfzählig und bei der hier gezeigten Art dunkel malvenfarbig bis purpurrot. Die vierlappigen Früchte werden tiefrot bis orange, wenn sie reif sind. Sie sind eßbar.

JACARANDA
acutifolia
(Bignoniaceae)

Jacaranda,
Palisander

Zur sogenannten »Jacaranda-Familie« zählen so attraktive Gattungen wie die »Kigelia-, Tecomaria-, MARKHAMIA- und Rhigozum-Arten«. Die auffallendste Gattung aber ist die etwa 50 Arten umfassende, namengebende Gattung »Jacaranda« aus Brasilien selbst. Die oben genannte Art und die »J. mimosifolia« sowie »J. ovalifolia« sind in Afrika am häufigsten vertreten. Allein in Pretoria, die den Namen »Jacarandastadt« trägt, sind über 60.000 Bäume dieser Arten als Allee- und Parkbestand angepflanzt. In vielen Büchern wird dieser Gattung der Volksname — wie oben angeführt — »Palisander« gegeben. Dies ist falsch. Der Palisanderbaum ist die »Dalbergia nigra«, die wiederum im Holzhandel mit »Jacaranda« bezeichnet wird. Die genannten Jacaranda-Arten sind laubabwerfend, besitzen doppeltgefiederte hellgrüne, fast farnartige Blätter. Die trompetenförmigen, bis 5 cm langen, Blütenkegel stehen in 30 cm langen Rispen. Die flache Fruchtkapsel enthält zahlreiche Samen. Das Holz ist dunkelpurpur und wohlriechend. Blütezeit ist von April bis Juni und im Herbst gibt es häufig eine zweite Blüte.

LEUCADENDRON
argenteum
syn. Protea argentea
(Proteaceae)

Silberprotea
Silberbaum

Aus der 70 Arten umfassenden Gattung zählt die hier gezeigte Art zu den interessantesten. Der ganze »immergrüne«, dicht mit 15-20 cm langen, lanzettlichen Blättern besetzte Baum glänzt von weitem schon blausilbrig, wie das obige Bild zeigt. Auch die glatte Rinde ist grausilbrig. Der endständige, gut 4-5 cm im Durchmesser aufweisende Blütenkopf ist männlich. Jeder Baum ist entweder männlich oder weiblich, d.h. er trägt entweder die oben gezeigte Blüte oder den umseitig dargestellten konusartigen weiblichen Blütenfruchtkopf, in dem sich mit Federn besetzte Samenkerne (4-5 mm groß) entwickeln.

Jeder Samenkern ist mit vier Federn, die die Flugschirme bilden, ausgestattet. Die Blätter weisen oft richtige »Bilder« auf und werden dann als Kuriosität verkauft, als Buchzeichen etc. Das Holz ist sehr weich und wird in der Industrie kaum verwendet. Der Samen hat eine relativ hohe Keimquote, so daß die Anzucht an sich keine Probleme aufwerfen würde. Trotzdem gedeiht diese Art nur sehr bedingt außerhalb Südafrikas, da die Jungpflanzen schwer versetzbar sind und sehr leicht faulen.

LOBELIA
keniensis
(Campanulaceae)

Riesenlobelie

Eine der in afrikanischen Hochlagen von 3300-4300 m vorkommende Art
der Riesenlobelien, die bis zu 8 m hoch werden. Die hier gezeigte Art benötigt etwa 15 bis 18 Jahre ehe sie einen Blütenstand bildet, der bis zu 2 m
hoch wird. Die eigentlichen Blüten sind dunkelblau, zweiseitig-
symmetrisch und als Kronröhre mit zweilippigem Saum ausgebildet. Die
Staubblätter sind zu einer Röhre verwachsen. Die Blüte liegt verdeckt an
der Basis der Blattansätze. Die nach Art eines Regendaches nach unten
gebogenen Blattenden schützen so die Blüte vor Regen und Schnee.

ORPHIUM
frutescens
(Gentianaceae)

Kap-Enzian

Diese in der Capensis — insbesondere auf der Caphalbinsel — zahlreich vorkommende Gentianagattung wird zwischen 30 und 50 cm hoch, ist buschig und trägt auf den kleinen, mit vielen ovalen Blättchen dicht besetzten Ästchen die lila bis rosafarbenen, etwa 1,5 cm großen Blüten. Das Zentrum der krugförmigen Blütenkrone weist gelbe Staubblätter auf. Der Fruchtknoten ist unterständig. Blütezeit ist von November bis Januar.

PETREA volubilis
(Verbenaceae)

Purpurgirlande

Ein aus dem tropischen Amerika stammendes Schlinggewächs, das durch seine blauvioletten Blütenrispen auffällt. Die interessante Einzelblüte ist in allen Teilen fünfzählig. Die eigentlichen Blütenblätter bilden einen dunkelblauen bis blaupurpurfarbenen Stern mit innenliegendem fünfzackigen weißen Staubblattstern. Diese so gestaltete Blüte ist im Zentrum der helleren blauvioletten Kelchblätter angeordnet, die gut 3 mal so groß sind als die Blütenblätter, welche relativ sehr kurzlebig sind, da sie sofort nach der Befruchtung aus dem langlebigen Stern der Kelch- bzw. Kronblätter fällt.

PLUMBAGO auriculata   *Bleiwurz*
(Plumbaginaceae)

Dieser in Südafrika beheimatete Halbstrauch ist eine der 20 in den Tropen vorkommenden Arten dieser Gattung. Der hellblaue Blütenreichtum hat diese Art als Zierstrauch weit verbreiten lassen. Die fünfzählige lange Blütenröhre hat etwas Ähnlichkeit mit derjenigen unseres Gartenphloxes. Der Name Bleiwurz liegt in der Tatsache begründet, daß der Wurzelsaft die Haut blaugrau färbt. Die Verbreitung der Früchte ist klettenartig, da auf den Kelchblättern hakenförmige Haare stehen, die sich beim Vorbeistreifen festklammern.

Inhaltsverzeichnis weiterer Bäume und Nutzpflanzen:

ALOE dichotoma *Kokkerbaum*
(Liliceae)   *Köcherbaum*

Diese baumartige Aloe-Art erreicht Höhen bis 6 m und Stammdurchmesser von etwa 1 m. Sie gedeiht in den ariden Gebieten Südwestafrikas, insbesondere an den Flanken steiniger Hügel. Die perlgraue Rinde ist glatt und löst sich in papierdünnen Platten. Die bläulichgrünen fleischigen Blätter werden über 35 cm lang und färben sich im Alter gelblich-braun. Die etwa 30 cm lange Blütenrispe ist kanariengelb und blüht zwischen Juni und Juli. Die Buschmänner fertigen aus dem sehr weichen Holz der Äste ihre Pfeilköcher, daher auch die Volksnamen. Im übrigen steht der Kokkerbaum in Südafrika unter Naturschutz. Die Blüten sind bei den Nektarvögeln äußerst beliebt.

ANACARDIUM occidentale *Cashew-Nuß, Indische Mandel,*
(Anacardiaceae) *Nierenbaum*

Dieser im Osten und Süden Afrikas aus dem tropischen Amerika — insbesondere aus dem Amazonasgebiet — eingebürgerte Baum wird bis zu
10 m hoch. In Mozambique und auch in Kenia wird der Baum kultiviert
und in Plantagen gepflanzt. Die unscheinbaren weißlichen Blüten stehen
in endständigen Rispen. Praktisch erwachsen aus jeder befruchteten Blüte
zwei Früchte, denn der sich zu einem Apfel auswachsende Stiel ist ebenfalls eßbar wie die an ihm hängende nierenförmige Nuß — die sog.
Cashew-Nuß. Letztere ist allerdings erst nach einem Röstvorgang eßbar, denn das in rohem Zustand vorherrschende Öl der Frucht ist sehr
scharf und beizend. Aus der Samenkapsel bzw. der Kernschale wird das
giftige »Kardol-Öl« für die Pharmazie, aber auch für die Herstellung von
Holzimprägnierungsmittel gewonnen. Die apfelähnliche Scheinfrucht ist
dagegen sehr aromatisch, etwas süßsauer und sowohl roh, als auch als
Kompott oder Marmelade sehr gut und vitaminreich, außerdem noch sehr
wohlriechend.

ARACHIS
hypogaea
(Leguminosae)

Erdnuß

Das ursprünglich aus Bolivien stammende Gewächs gelangte schon im Mittelalter durch die Portugiesen nach Afrika, wo es heute in fast allen Ländern angebaut wird und in seiner Bedeutung für die Welternährung immer mehr Bedeutung erlangt. Die Erdnuß hat ungefähr 30 % Eiweiß, 45 % Fett, 20 % Kohlehydrate, Minerale (insbesondere Calcium) und Zellulose sowie 5 % Wasser. Tafelöl und Margarine werden bevorzugt aus den Nüssen gewonnen. Die Pflanze hat die typische Gestalt der Schmetterlingsblütler mit gefiederten Blättern und achselständigen weiß-gelblichen Blüten. Es sind etwa 30 Arten bekannt, die alle ihre Früchte im Erdboden ausreifen lassen (Geokarpie). Nach der Befruchtung wächst das sog. Gynophor relativ schnell dem Erdboden zu und pflanzt den Frucht-knoten bis in Tiefen von 7 cm, wo die Frucht ausreift. Die Rückstände beim Ölpressen ergeben ein ausgezeichnetes Kraftfutter für das Vieh.

ARTOCARPUS altilis, *Brotfruchtbaum*
syn. A. incisa
(Moraceae)

Diese zu den Maulbeergewächsen zählende Gattung stammt aus dem
Südsee-Inselgebiet und ist heute kultiviert als wichtiger Nahrungsträger in
allen tropischen Ländern heimisch geworden. Das Charakteristikum dieser getrennt geschlechtlich blühenden Art sind die bis zu 2,5 kg schweren
warzigen Früchte und die großen eingeschnittenen Blätter mit den stark
hervortretenden Nervensträngen. Die Blattoberseite ist dunkelgrün, die
Unterseite hellgrün. Die sehr vitaminreiche Frucht ist auch reich an Koh-
lehydraten, Stärke und Zucker. Die vom Fruchtfleisch umsäumten kasta-
nienähnlichen Samenkerne sind ebenfalls eßbar und werden gerne gerö-
stet zu Mehl verarbeitet, wie übrigens die ganze getrocknete Frucht auch.
Die Art »A.heterophyllus«, deren Blätter einteilig und wesentlich kleiner
sind, bringt bis zu 12 kg schwere und 60 cm lange, flaschenähnliche, sehr
saftige und süße Früchte hervor, die sog.»Jackfrucht«, die allerdings für
uns Europäer einen unangenehmen Geruch verbreitet und vor dem Ver-
zehr erst in Salzwasser gelegt und dann gekocht werden muß. Die Blüten
sitzen am Stamm, die Art ist also »kauliflor«.

BORASSUS
flabellifer

Weinpalme
Delebpalme
Palmyrapalme

Diese in Afrika weitverbreitete Fächerpalmengattung (Borassaceae) mit nur einer Art, zählt bei den Eingeborenen zu den wertvollsten Bäumen überhaupt, man sagt, daß diese Palme nicht weniger als 800-fachen Nutzen bringt. Der Baum wird 20-30 m hoch und seine Blattfächer erreichen Längen bis zu 4 m. Es gibt nur eingeschlechtliche Bäume, d.h. jeder Stamm trägt nur männliche oder weibliche Blüten, die auf einem dicken Stiel zu Köpfen mit Längen von 2-3 m zusammengefaßt sind. Diese Art wird häufig mit der Fächerpalme »Hyphaene natalensis« oder »H. ventricosa« verwechselt. Es gibt zwei Unterschiedsmerkmale: — die hier beschriebene Art weist am Mittelstamm eine Verdickung auf und die 15-18 cm großen, im reifen Zustand orange-braunen Früchte enthalten 3 Kerne, während die anderen nur einen besitzen. Der Wein oder Arrak

wird nur aus den männlichen Blüten bzw. Exemplaren durch Anschneiden des Blütenkolbens gewonnen. Aus dem weiblichen Blütenstand wird der sog. »Lontar-Zucker« gewonnen. Das die Samenkerne umhüllende Fruchtfleisch ist sehr saftig, süß und gut eßbar. Das harte ebenholzschwarze Holz ist sehr wertvoll und begehrt. Die getrockneten Blätter dienen zur Fertigung von Zäunen und Korbwaren. Aus den jungen Blättern werden die sog. »Palmyrabücher« hergestellt, d.h. die zugeschnittenen, getrockneten und beschrifteten Blätter werden links und rechts auf Schnüre aufgezogen, oben und unten dann mit einem bemalten Holzdeckel versehen. Dies ist nur eine kleine Auslese aus den zugeschriebenen 800 Nutzanwendungen dieser Palme.

CARICA papaya   *Melonenbaum*
(Caricaceae)

Ein aus Mexiko eingebürgerter und weit verbreiteter »Baum«, der bis zu
6 m hoch wird und botanisch aber zu den Kräutern gerechnet wird. Es
gibt 21 Arten dieser Gattung. Der gemusterte Stamm, die gezackten lang-
stieligen großen Blätter und nicht zuletzt die süße, saftige Frucht haben
diese Gattung zu den wertvollsten und auch schönsten Tropenpflanzen
gemacht.
Nur die weiblichen Pflanzen tragen Früchte aus den am Stamm wachsenden Blüten, wo sie sich zu länglichen dunkelgrünen, häufig auch gelben
»Melonen« mit dunkelorangerotem Fruchtfleisch auswachsen.

Schneidet man den Stamm der Pflanze leicht an, so träufelt ein milchiger Saft heraus, der in der Pharmazie wegen seines Papaîn-Gehaltes begehrt ist. Der Saft eignet sich hervorragend zum Beizen von Fleisch, das dadurch nicht nur sehr saftig und schmackhaft wird, sondern vor allem sehr zart und weich.

COCOS nucifera   *Kokosnußpalme*
(Cocos)

Schenkt die Borassuspalme dem Menschen 800-fachen Nutzen, so wird sie durch die Kokospalme noch übertroffen, die nicht weniger als 1000-fachen Nutzen gewährt und in der Tat ein Geschenk des Himmels an die Ärmsten der Armen ist. Man sagt, von 6 Kokospalmen kann eine fünfköpfige Familie leben, ohne daß sie einen Mangel hat. Jeder Bestandteil von Baum und Frucht ist verwertbar. Die Kokospalme blüht das ganze Jahr über und schenkt dementsprechend auch ununterbrochen ihre Früchte, die zu den Steinfrüchten gezählt werden und aufgrund ihres Kokosfasermantels lange Zeit im Meerwasser schwimmen können. Daher ist diese Gattung durch die Meeresströmungen an allen tropischen Küsten verbreitet. Es gibt nur einen einzigen Ort im Landesinnneren, wo sie sich in größerer Anzahl angesiedelt haben, nämlich in einem Landstrich von Äquatoria im Sudan. Die Kokospalme wird rund 20 m hoch, die Fieder-

blätter erreichen Längen bis zu 6 m. Der Samen keimt erst nach einem halben Jahr, wenn er festen Boden gefunden hat und nach 5 Jahren trägt er bereits die ersten Früchte, die sich dann anzahlmäßig bis zum 20. Jahr steigern und dann bis zu 80 Jahre lang beibehalten werden. Die Fieder- blätter trocknen nach etwa 3 Jahren ein und fallen dann ab. Das relativ dünne, weiße Fruchtfleisch wird getrocknet, zu »Kopra« verarbeitet und bildet für mehr als 1 Milliarde Menschen das Grundnahrungsmittel. Die sog. Kokosmilch ist ein süßer, vitamin- und mineralreicher Saft, der zu- sammen mit dem Fruchtfleisch ausreicht, um einen Menschen ohne we- sentliche Mangelerscheinungen leben zu lassen. Die Frucht enthält sowohl Rohprotein, als auch Fett, gut verdauliche Kohlehydrate, Vitamine und Minerale. Das Kokosschrot ist ein hochwertiges Viehfutter. Der Baum- stamm gibt das bekannte »Porcupine-Holz«. Aus den Blütenständen bzw. deren Knospenspitzen wird ein sehr Vitamin-B-reiches Getränk be- reitet, das vergoren eine Art Arrak abgibt.

COLA
acuminata
(Sterculiaceae)

Kolabaum

Rund 100 Arten von Colabäumen aus dem tropischen Afrika sind bekannt. Neben »C. nitida« und »C. vera« ist die oben genannte Art die bekannteste, deren Nüsse insbesondere in Westafrika als Anregungsmittel, das gleichzeitig auch durststillend ist, gekaut werden. Die rotbraunen, etwas lederartigen Samenkerne oder Nüsse haben einen bitteren Geschmack, regen jedoch Körper und Geist an, üben auf den Magen eine sehr beruhigende Wirkung aus — eine Feststellung, die der Autor selbst erfahren hat. Die relativ hohen Alkaloidengehalte von Coffein und Theobronin machen die Nüsse für die Pharmazie so wertvoll. Die Colabäume werden zwischen 15 und 20 m hoch, die Blätter sind ganzrandig, eirund bis lanzettlich. Die kronblattlosen Blüten sind weißlich und unscheinbar. Die männlichen Blüten weisen zu einer Röhre zusammengewachsene Staubblätter auf.

CUSSONIA
sphaerocephala
(Araliaceae)

Waldkohlbaum

Die »Kohl- oder Wurmrindenbäume« sind in Afrika, besonders im Süden, weit verbreitet. Die hier gezeigte Art wird bis zu 25 m hoch, hat eine graurötliche Rinde, die bei jungen Bäumen glatt, bei älteren aber gefasert und korkähnlich ist. Die schönen geometrischen, dreieckigen, stark gelappten bis gezackten Blätter erreichen bis zum langen Stiel Größen von fast einem Meter. Die Fiederblättchen können schon bis zu 40 cm lang werden. Die unscheinbaren cremefarbenen bis grünlichen Blüten sind in Ähren zusammengefaßt und bilden sich nach der Befruchtung zu flaschenähnlichen Früchten aus. Blütezeit ist von Februar bis April. Die gezeigte Art ist leicht mit der »C. spicata« verwechselbar.

CYCAS thouarsi
(Cycadaceae)

Palmfarn
Afrikanische Cycas

Diese in Afrika einzige Cycas-Art — von Madagascar abgesehen — erreicht Höhen bis zu 10 m, wenn sie humusreichen Boden bei hohen Lufttemperaturen vorfindet. Das Verbreitungsgebiet bleibt auf die afrikanische Ostküste bis zum Zambesidelta beschränkt. Weiter südlich ist dieser Palmfarn nicht mehr freilebend anzutreffen. Die gefiederten Blätter werden bis zu 3 m lang und ein Einzelblatt weist Maße von 35 × 1,5 cm auf, wobei die Mittelrippe auffallend gelb und die Blattspitze wie ein Stachel so scharf ausgebildet ist. Männliche und weibliche Frucht- bzw. Blüten- und Samenzapfen sind auf getrennten Pflanzen. Die männlichen konischen Zapfen sind orangerot bis orangegelb und erreichen Ausmaße von 70 cm Länge und 25 cm Durchmesser. Die weiblichen Zapfen sind mit spiralförmig angeordneten Schuppen versehen, die mit grauen, welligen Haaren überdeckt sind. Die sphärischen Samen (7 × 5 cm) sind ziegelrot und entwickeln sich — im Gegensatz zu den Arten der Encephalartos — nur, wenn sie befruchtet sind.

CYPERUS
papyrus
(Cyperaceae)

Papyrus
Zyperngras

Dieses wohl bekannteste Gewächs aus der Familie der Riedgräser, die nicht weniger als 3800 Arten umfaßt, wovon allein 600 auf die Gattung Cyperus entfallen, ist im ganzen tropischen Gebiet von Afrika verbreitet. So ist beispielsweise der riesige Viktoria-See fast restlos von 3-5 m hohen Papyrusstauden, die auch schwimmende Inseln bilden, eingefaßt, so daß nur an ganz wenigen Stellen das Ufer sichtbar ist. Schon 2½ Tausend Jahre vor unserer Zeitrechnung wurde aus dem Mark dieser Art sogenanntes Papier hergestellt. Aufgrund seines enorm leichten Gewichts werden die Papyrusstengel auch zur Eindeckung von Häusern, zum Bootsbau etc. verwendet. Die Knollen der »C. esculentus« werden in Afrika aufgrund ihres hohen Zucker- und Ölgehaltes als Gemüse gegessen. Die bei uns als Zimmerpflanze eingebürgerte »C. alternifolius« stammt ebenfalls aus Afrika bzw. aus Madagascar.

DRACAENA
draco
(Agavaceae)

Drachenbaum
Drachenblutbaum

Von dieser Gattung sind in Afrika etwa 80 Arten heimisch, wovon die hier gezeigte Art die bekannteste ist, die auch in allen botanischen Gärten gezogen wird. Der älteste Baum, der 1868 durch ein Versehen eingegangen ist, stand im Ort Orotava auf Teneriffa und wurde auf ein Alter von fast 6000 Jahren geschätzt. Er war über 23 m hoch und hatte einen Stammumfang von 14 m.

Die büschelartig auf jedem Ast angeordneten blaugrünen Blätter werden bis zu 65 cm lang und die relativ unscheinbaren weißlichen Blüten sitzen dichtgedrängt auf einer gut 50 cm langen Rispe. Aus dem angeritzten Stamm fließt das sogenannte tiefrote »Drachenblut«, das sehr zähflüssig ist. Daher auch der Volksname. In mittelalterlichen Rezepten kam häufig »Drachenblut« vor. Das dort genannte »Heilmittel« stammte aber von der »D. cinnabari«, die auf der Insel Sokotra heimisch ist.

EUPHORBIA fortissima   *Sambesische Kandelaber-Euphorbie*
EUPHORBIA ingens   *Kandelabereuphorbie*
(Euphorbiaceae)

Die Gattung Euphorbia umfaßt mehr als 2000 Arten. Sie sind in Europa als Wolfsmilchgewächse bekannt. Allerdings nur in ein paar wenigen Arten. Die überwiegende Anzahl bildet Sträucher und Bäume in den Tropen. Alle Arten besitzen einen milchigen Saft (Latex), der in vielen Fällen giftig ist. Die eingeschlechtlichen Blüten sind meistens zu einem Blütenstand zusammengefaßt.
Die »E. fortissima« wird bis 5 m hoch und hat gelbe Blüten. Jeder Blatteinschnitt zeigt das Wachstum eines Jahres an. Die Stacheln sind verhärtete Blattspitzen bzw. -ansätze.
Die »E. ingens« wird bis zu 10 m hoch und ist im östlichen und südlichen Afrika weit verbreitet. Ihr Latexsaft ist insbesondere für die Augen gefährlich und kann zur Erblindung führen. Die Eingeborenen entwickeln aus ihm ein Fischgift, das die Tiere sofort lähmt.

FICUS polita syn. F. bizanae *Wilde Gummifeige*
(Moraceae)

Diese Gattung der Maulbeergewächse umfaßt über 1000 Arten, die zum
überwiegenden Teil in den Tropen anzutreffen sind. Die meisten Arten
weisen 3 Blütensorten auf, nämlich weibliche, männliche und sog. Gall-
blüten, die den in Symbiose lebenden Feigengallwespen als Brutstätte dienen. Die Ficus-Arten bilden das ganze Jahr über reife Früchte. Die hier
gezeigte Art unterscheidet sich von den anderen durch seine lichtbraune
leicht gefleckte Rinde. Der Baum wird bis zu 16 m hoch, die breitovalen
Blätter erreichen Ausmaße von 15 × 8 cm, sind dunkelgrün und haben
starke Nervenstränge. Die am Altholz wachsenden Feigen weisen Durchmesser bis zu 3 cm auf. Sie schmecken bitter, sind aber an sich eßbar. Dies
gilt übrigens für alle Ficus-Arten.

HYPHAENE coriacea   *Doumpalme*
(Arecaceae)

In Afrika sind außer der oben genannten Art noch die »H. thebaica« weit verbreitet und leicht miteinander zu verwechseln, da beide Äste bilden. Die unverzweigte Art ist die »H. parvula«. In Kenia z. B. kommt die »H. thebaica« nicht vor. Insgesamt gibt es jedoch 32 Arten dieser Gattung in Afrika. Die Blätterfächer werden zur Matten- und Dacheindeckungsherstellung verwendet. Die faustgroßen Früchte haben einen aromatischen Geruch, das Fruchtfleisch ist eßbar und hat einen leichten Ingwer-Geschmack. Der Samenkern und die hornige Schale werden für kunsthandwerkliche Arbeiten verwendet. Aus dem Pflanzensaft wird ein herber Palmwein gewonnen, der allerdings für Europäer nur schwer verträglich ist. Der gebrannte Wein ergibt einen sogenannten Arrak.

MANGIFERA indica   *Mangobaum*
(Anacardiaceae)

Neben der Banane dürfte die Mangofrucht wohl die verbreitetste und
wertvollste aller tropischen Früchte sein. Amerikanische Wissenschaftler
haben aus der Mangofrucht und deren Schale ein Extrakt gewonnen, das
beispielsweise bei Ratten deren Lebensdauer verdreifacht hat. Dieser aus
Asien durch die Portugiesen nach Afrika eingeführte und dort nun beheimatete und weitverbreitete 20 m hohe Baum kann zu den ältesten Obst-
bäumen in der Geschichte der Menschheit gezählt werden. Wenn es
stimmt, daß Ceylon das Paradies Eden gewesen sein soll, dann war mit Si-
cherheit der »verführerische Apfel« der Eva eine Mangofrucht.
Von Januar bis etwa März, aber auch nach der Regenzeit entwickeln sich
an den Zweigenden pyramidenförmige Blütenstände mit Hunderten von
gelblich-weißlichen Einzelblüten.

Nur ein Bruchteil davon reift zu Früchten, die sich an langen Stielen zu Handtellergröße entwickeln. In Togo, Kamerun, Kongo und auch in Kenia findet man viele Mangobäume im Tropenwald und die äußerst Vitamin-A- und -C-reichen Früchte sind willkommene durst- und hungerstillende Nahrung. Die wenigsten aber wissen, daß die Fruchtstiele ein über Jahre wirkendes Gift enthalten, d.h. der Saft ist giftig und strömt beim Pflücken leicht auf Schale und Hände und ruft so unerklärliche Krankheitserscheinungen hervor. Es ist daher ratsam, jede Frucht sorgsam und gut abzuwaschen. Der große ovalflache Kern enthält meistens zwei Samenkerne, die aber sehr selten keimen. Die Vermehrung erfolgt daher fast ausschließlich durch Stecklinge.

MORUS nigra   *Schwarze Maulbeere*
(Moraceae)

In die tropischen Gebiete Afrikas aus Asien eingewanderte Gattung, die vor allem in Mozambique und Südafrika auch des Holzes wegen angepflanzt wird. Zu den drei in Afrika vorherrschenden Arten zählt »M.alba«, und »M.mesozygia«. Die hier besprochene Art wird bis zu 10m hoch, ist rundkronig und hat eiförmige, bis zu 15 cm lange Blätter, deren Basis tief eingeschnitten und herzförmig ist. Die Ränder sind grob gezähnt, die Oberseite ist dunkelgrün, die Unterseite dagegen hellgrün und leicht behaart. Die Blüten sind geschlechtlich getrennt, können sogar von Baum zu Baum unterschiedlich sein. Alle Blütenteile sind vierzählig, die männlichen weißen Blüten stehen in einer Rispe, die weiblichen in achselständigen Köpfen auf 1,5-2cm langen Stielen. Die länglichen Früchte sind tiefrot und etwa 2cm lang. Sie sind würzig süßlich und eßbar, aber trotzdem nicht im Handel. Die Blätter dienen der Seidenraupenzucht.

MUSA paradisiaca syn. M. sapientum　　*Bananenbaum*
(Musaceae)　　　　　　　　　　　　　　　*Paradiesfeige*

Es gibt etwa 60 Arten dieser Gattung. Die hier gezeigte liefert die Obst-
und Mehlbanane, wovon letztere in vielen Teilen Westafrikas zu den
Hauptnahrungsmitteln zählt. Die oft bis zu 8 m hohen Scheinstämme werden von den großen Blattscheiden gebildet, so daß die Banane eigentlich
zu den Kräutern zu zählen ist. Die rechtsdrehenden länglich-elliptischen
Blätter werden bis zu 2,5 m groß. Der etwa 1,5 m lange Blütenstand entwickelt zwischen 80 und 300 Einzelfrüchte, wobei so ein Fruchtstand gut
und gerne 2 Ztr. wiegen kann. Aus dem Wurzelstock bilden sich neue
Schößlinge, die alte fruchttragende Pflanze stirbt ab, d.h. sie wird abge-
schlagen und zu einem sehr wertvollen Viehfutter verwendet. Die hier gezeigte Art dient als Kreuzungsmaterial, sie selbst ist das Produkt aus der
Kreuzung »M. acuminate × M. balbisiana«.

PERSEA
gratissima
syn. P. americana
(Lauraceae)

Avokadobirne
Butterfrucht

Dieser aus dem Tropengebiet Mittelamerikas stammende immergrüne Fruchtbaum ist zwischenzeitlich in Afrika weitverbreitet anzutreffen. Es gibt etwa 150 Arten. Der dichtbelaubte rundkronige Baum wird bis zu 20 m hoch. Schon die Azteken und Inkas schätzten das nach Nuß schmeckende Fruchtfleisch. Die birnenförmige Frucht kann bis zu 1 kg schwer werden. Sie wird in immer stärkerem Maße zum Exportartikel der 3. Welt, denn sie ist äußerst vitamin- und mineralreich. (Vitamin A, B und C.) Israel hat riesige Plantagen dieser Art angelegt und dürfte im Export an erster Stelle liegen.
Die dunkelgrünen länglichen Blätter sind ganzrandig, wechselständig und lederartig. Die kleinen grünlich-weißen Blüten stehen in fingerlangen Rispen. Aus der Schale und den Kernen wird ein hochwertiges Öl für die Kosmetikindustrie gewonnen.

PISTACIA terebinthus
(Anacardiaceae)

Pistazie
Terpentinbaum

Ein laubabwerfender strauchartiger Baum, der vermutlich aus Ostasien eingeführt worden ist. Er zählt zur Familie der »Sumachgewächse«. Die Blätter sind unpaarig gefiedert, die Äste haben eine graue Farbe und sind stark harzhaltig. Aus dem Saft des Stammes bzw. der Äste wird das bekannte »Chio-Terpentin« gewonnen, dessen Bedeutung vor allem in der Krebstherapie stark zugenommen hat. Die an den Enden der vorjährigen Triebe angeordneten Blütenstände erscheinen gleichzeitig mit den neuen Blättern. Die Einzelblüte ist purpurrot und bringt etwa 8-10 mm große Früchte hervor, die eßbar sind. Aus den Samenkernen wird ein ätherisches Öl gewonnen und aus den zahlreichen schwarzen, hornartigen Blattgallen — den sog. Judenschoten — werden Ledergerbstoffe hergestellt.

RICINUS
communis
(Euphorbiaceae)

Rizinus
Wunderpalme
Palma Christi

Ein weiteres wertvolles Wolfsmilchgewächs ist die hier gezeigte Art. Die besondere Bedeutung wird in Zukunft noch erheblich anwachsen, vor allem in der Spül- und Reinigungsmittelindustrie, denn da die Rizinusbestandteile von Mikroben abgebaut werden, findet keinerlei Umweltverschmutzung mehr statt. Die Pflanze stammt aus Ostafrika und wird bis zu 10 m hoch. Jede der dreifächigeren Fruchtkapseln enthält 3 Samen, die nicht nur bis zu 60% Öl enthalten, sondern auch sehr giftig sind. 8 bis 10 solcher Kerne gegessen sollen einen Menschen töten. Beim Warm- oder Kaltpressen bleibt jedoch das giftige »Rizin« vollständig in den Rückständen zurück, die jedoch ein vorzügliches Düngemittel ergeben. Auch als Parasitenvernichtungsmittel sind im Rahmen des Umweltschutzes diese Rückstände äußerst wertvoll. Das Öl wird in der Pharmazie und im Maschinenbau verwendet. Die Blätter sind ausschließliche Nahrung der sog. »Eri-Seidenraupe«, deren Spinnseide von gelblicher Farbe ist.

WELWITSCHIA mirabilis   *Welwitschie*
(Welwitschiaceae)

Die »wunderbare Welwitschia« ist die einzige Art der einzigen Gattung
der Familie »Welwitschiaceae«. Diese echte afrikanische Pflanze gedeiht
nur in den küstennahen Gebieten der Namibwüste in Südwestafrika und
besitzt eine tiefreichende Wurzel, die in einen — ebenfalls unter der Erde
liegenden — 2–3 m langen Stamm mündet, von dem nur wenige Zentime-
ter über die Erdoberfläche hinausragen. Dieser Stamm erreicht einen
Durchmesser von 2 m. Man zählt die Welwitschia (Name ihres Entdek-
kers Welwitsch) zu den ältesten Pflanzen dieser Erde. Mit der Carbon-14-
Methode konnten über 2000 Jahre alte Pflanzen nachgewiesen werden.
Zwei breite, bis zu 3 m lange Keimblätter, die von den Spitzen her im
gleichen Umfang absterben, wie an der Basis zwei neue Keimblätter
nachwachsen. In der sog. Krone des Stammes entwickeln sich männliche
und weibliche Blütenstände.

Inhaltsverzeichnis des erweiterten Teils

**ARISTO-
LOCHIA
gigantea**
(Aristolochiaceae)

Osterluzei

Diese aus Süd- und Mittelamerika stammende Kletterpflanzenart fällt durch ihre riesigen Blüten auf. Die Gattung umfaßt nicht weniger als 500 verschiedene Arten, die alle als sogenannte Kessel- oder Gleitfallen ausgebildet sind. Hierbei wird durch die Kelch- und Blütenblätter eine kalebassenartige, mit Widerhaaren versehene »Falle« gebildet, die die einkriechenden Insekten etwa zwei Tage lang gefangenhält. Während dieser Zeit versehen sich die Insekten gut mit Pollen, aber auch ausgiebig mit Nektar. Die Widerhaare verwelken nach etwa zwei Tagen und geben dann den Weg zum Ausgang frei. Die meisten Arten sind — im Gegensatz zu der bei uns heimischen *Osterluzei* (**Aristolochia clematitis**) — frostempfindlich. Sie können als Indikator für einen sehr nährstoffreichen Boden angesehen werden und benötigen eine hohe Luftfeuchtigkeit. Die bei uns eingeführte und nun verwilderte Art war früher eine sehr geschätzte und gebrauchte Heilpflanze und zwar zur Heilung von offenen Wunden. Aus dem Saft und dem zerquetschten Brei der Wurzelstöcke wurde eine aufzutragende Paste hergestellt.

**BILLBERGIA
pyramidalis**
(Bromeliaceae)

*Billbergia,
Zimmerhafer*

Von Brasilien bis Mexiko sind mehr als 50 Arten der Gattung sowohl als
Aufsitzer (Epiphyt) als auch am Erdboden wachsend weit verbreitet. Sie
schmücken geradezu die Stämme und Äste der Bäume, besonders natürlich, wenn sie in Blüte stehen. Während die Hochblätter vorwiegend rot
oder rötlich sind, leuchten die Blüten grün, violett und in allen Schattie-
rungen von Blau, wie auf dem obigen Bild. Die leuchtend gelben, langen
Staubbeutel vieler Arten hängen weit aus dem »Blütenkelch« heraus.
Die Pflanzen benötigen an und für sich eine hohe Luftfeuchtigkeit und
Wärme. Trotzdem werden sie auch in Europa als Zimmerpflanzen gehalten. Zur Erzeugung der erforderlich hohen Luftfeuchtigkeit um die
Pflanze, wird deren durch die Blätter gebildeter »Trichter« stets mit
Wasser gefüllt.

CALLIANDRA surinamensis *Schönfaden, Puderpuff*
(Leguminosae)

In allen tropischen und frostfreien subtropischen Gebieten der Welt sind
heute Arten der etwa 120 Spezies dieser Gattung — vorwiegend in
Buschform — anzutreffen. Die farbfrohen Blütenkronen setzen sich aus
hunderten von pinselförmigen, in gezähntem Kelch steckenden Einzelblüten zusammen und gleichen so einer Puderquaste oder einem Puderpuff, wie es im englischen Sprachbereich heißt. Die Gattung zählt zu
den beliebtesten Garten- und Anlagengewächsen. Von dort sind zahlreiche Arten wieder verwildert und zieren vor allem die Waldränder.

**CATTLEYA
trianaei**
(Orchidaceae)

Cattleya

Mehr als 50 Arten umfaßt diese Gattung, die häufig als »Königin der Orchideen« bezeichnet wird. Von allen wurden hunderte von Hybridenarten gezogen, die durch die Farbenpracht, Formschönheit und Großblütigkeit auffallen. Im tropischen Amerika sind die wild vorkommenden Arten relativ häufig anzutreffen, wenn man in die Urwälder Mittel- und Südamerikas eindringt. Die meisten von ihnen wachsen als Aufsitzer hoch auf Bäumen, so daß sie oft schwer zu entdecken sind. Manche Arten sind zu »Nationalblumen« erhoben worden, so beispielsweise in Kolumbien, Panama und Costa Rica. Die hier gezeigte Art stammt aus Kolumbien und öffnet ihre bis zu 20 cm großen Blüten zwischen Januar und Februar jeden Jahres. Auch von ihr sind viele Hybriden und Varietäten gezogen worden.

COBAEA scandens *Glockenrebe*
(Cobaeaceae)

Die Gattung setzt sich aus 18 Arten zusammen, die alle in Süd- und
Mittelamerika — speziell in Kolumbien — beheimatet sind. Sie zählt zu
den Himmelsleitergewächsen. Die im Bild gezeigte Art klettert wie unsere wilde Weinrebe an Bäumen, Sträuchern und Wänden bis zu 12 m
hoch. Sie wird seit einigen Jahren aufgrund ihrer schönen blauvioletten
Blüten und insbesondere deren monatelang dauernde Vielzahl, auch bei
uns in Europa in den Gärten gezogen. Die Art ist einjährig und gedeiht
bei uns an geschützten Plätzen sehr gut. In ihrer Heimat findet die Bestäubung der Blüten durch Fledermäuse statt.

COUROUPITA
guianensis
(Lecythidaceae)

Kanonenkugel-
baum

Auch diese Baumart stammt eigentlich aus den tropischen Wäldern Süd-
und Mittelamerikas, hat sich aber im letzten Jahrhundert sehr schnell in
ganz Südostasien verbreitet. Man unterscheidet etwa 20 verschiedene
Arten. Alle sind »stammblühend« (kauliflor) und die Bestäubung erfolgt
vorwiegend durch Fledermäuse. Die 10 cm großen, eigenartig geformten
Blüten verströmen nachts einen intensiven süßlichen Duft. Die Früchte
sind kugelrund, haben eine harte braune Schale und erreichen ein
Gewicht bis zu 7 kg. Das Fruchtfleisch selbst riecht unangenehm und
wird nicht gegessen. Wenn so eine »Kugel« von hoch herab auf die Erde
fällt, so zerplatzt sie mit einem kanonenähnlichen Knall. Die Gattung ist
verwandt mit der allseits bekannten Paranuß **Bertholletia excelsa**.,
deren dreikantige Nüsse (etwa 23 Stück) ja auch in einer dunkelbraunen
»Kugel« eingeschlossen sind. (Früchte siehe Seite 176)

EICHHORNIA
crassipes
(Pontederiaceae)

Wasserhyazinthe

Aus den tropischen und subtropischen Zonen Amerikas hat sich die aus 6 Arten bestehende Gattung — vor allem die zwei Arten E. crassipes und E. azurea — rasant die Gewässer der gesamten klimagleichen Welt erobert und ist aufgrund ihrer unwahrscheinlich schnellen vegetativen Vermehrung zu einem »Weltunkraut« der Süßwassergewässer geworden. Am oberen Nil z. B. bei Juba konnten zeitweise die Schiffe nicht mehr fahren, weil der Fluß unter einem kilometerlangen Eichhorniateppich unsichtbar war und die Pflanzen die Schiffsschrauben lahmlegten. Unter großem Aufwand wurden tonnenweise die Pflanzen ans Land gezogen. In den reisanbauenden Gebieten Asiens müssen ständig die Reisfelder von dem Bewuchs dieser Pflanzen befreit werden, da sonst eine Reisernte scheitern würde. Für den Touristen ist es natürlich ein besonderes Erlebnis, wenn er mit dem Boot oder Schiff an blauen und azurfarbenen, schwimmenden »Feldern« von Blüten, mit dem Boot oder Schiff vorbeifährt.

**EPIDENDRUM
obrienianum**
(Orchidaceae)

*Schmetterlings-
Orchidee*

Über 900 Arten umfaßt diese von Nordamerika bis nach Argentinien und bis auf Höhen von 4.000 m verbreitete Gattung, die sowohl aufsitzende als auch am Boden wachsende Arten aufweist, obwohl der aus dem griechischen stammende Gattungsname »auf Bäumen wachsend« bedeutet. Viele Arten sind wohlriechend und werden in allen frostfreien Ländern in Gärten und Anlagen gehalten, deshalb werden sie auch »Orchidee des armen Mannes« genannt. Ihre erdwachsenden Arten sind an sich anspruchslos und leicht zu ziehen und ihre auf bis zu 1 m langen Stengeln wachsenden — meist leuchtend zinnoberroten — Blütenrispen geben in Vasen lang blühende Schnittblumen ab. In den Urwäldern der angegebenen Länder wachsen die verschiedenen Arten in den höchstliegenden Ästen der Baumkronen, da am Boden viel zu wenig Licht für ihren Bedarf ist. Aus diesem Grunde werden heute noch bisher unbekannte Arten entdeckt. Die Blütenform ist exakt gleich derjenigen der Cattleyas, und deshalb werden viele Kreuzungen beider Gattungsarten vorgenommen.

HELICONIA
bihai
(Musaceae)

stehende rote
Hummerkralle

Aus dieser bis zu 6 m hoch werdenden Art wurden in jüngster Zeit eine
Menge Hybriden gezogen, deren kahnförmige Deckblätter vom tiefsten
Grün bis zum knalligsten Rot oder Gelb oder sogar beidfarbig gemischt,
gefärbt sind. Sogenannte »natürliche« Hybriden — also Kreuzungen in
der Wildnis — sind sehr selten. Der Name »Heliconia« führt auf den
Berg »Helicon«, dem Sitz der griechischen Götter zurück. Wie die verwandte »Strelitzia«, ist auch die »Heliconia« eine Pflanze für die Nektarvögel. In dem »Blütenschiffchen« sammelt sich reichlich mit Regen
und Tau gemischter Nektarsaft.

HELICONIA
rostrata
(Musaceae)

hängende
Hummerkralle

Eine Gattung die zu den Bananengewächsen gehört und mehr als 250 Arten umfaßt, die alle sehr farbenprächtig und bizarr geformte Blütenstände aufweisen. Diese wachsen aus dem unter dem Erdboden »kriechenden« Wurzelstock zusammen mit einigen zweizeiligen, bananenähnlichen Blättern. Die eigentlichen Blüten sind unscheinbar, im Bild sind es die gelben, krallenartig gebogenen Spitzen, die aus den kahnförmigen leuchtend rot und gelb gefärbten Deckblättern hervorstehen. Als Heimat dieser ins Auge fallenden Pflanze werden die dichten Tropenwälder Argentiniens und Perus angegeben. Etwa 98 % aller Heliconia-Arten stammen aus dem tropischen Amerika.

LAELIA pumila
(Orchidaceae)

Laelia

Die Gattung umfaßt ungefähr 80 Arten, die von Argentinien und Brasilien bis hinauf nach Mexiko verbreitet sind. Alle Arten wachsen epiphytisch d. h. sie sind baumaufsitzende Arten. Alle sind leicht mit **Cattleyas** zu verwechseln und werden mit diesen auch gerne zur Bildung und Anzucht neuer Hybriden herangezogen. Die hier vorliegende Art weist einen 6–8 cm großen Sproßknollen mit einem einzigen (seltener zwei) Blatt auf, während die in ihrer Farbe sehr variablen Blüten bis 10 cm groß werden.

MILTONIA vexilaria x moreliana *Stiefmütterchen-Orchidee*
(Orchidaceae)

Eine großblütige, etwa 20 Arten umfassende Gattung, die auf bis zu 50 cm langen Stengeln relativ große Blüten trägt. Viele Gattungshybriden wurden mit Odontoglossum und Oncidium gezüchtet. Fast alle Miltonias gedeihen in den tropischen Hochlagen der Gebirge und in kühlerem Klima am besten. Verbreitet sind sie in Mittel- und Südamerika. Alle die bisher hier genannten Orchideen — mit Ausnahme der Gattung **Disa** — sind ausschließlich in Nord-, Mittel- und Südamerika heimisch und verbreitet. Die Disa ist in Afrika und Madagaskar heimisch und die **Vanilla** kommt zusätzlich zu Amerika noch in Madagaskar vor.

**ODONTO-
CIDIUM hybr.**
(Orchidaceae)

Tigersonne

Die hier abgebildete Orchidee ist eine Kreuzung von **Oncidium ti-
grinum** mit **Odontoglossum sunmar** und ist in fast allen botanischen
Gärten, aber auch im Handel weltweit vertreten. Die großen gelben und
bräunlich gesprenkelten Blüten schmücken über Wochen hinaus die
Pflanze und sind auch als Schnittblumen im Wasser sehr langblühend.
Durch intergenetische Züchtungen sind weltweit viele Sorten und Varietäten auf dem Markt.

**ONCIDIUM
pulchelium x
varicosum**
(Orchidaceae,
Hybr.)

Tanzende Lady

Der Volksname bezieht sich vornehmlich auf die Art *Oncidium crisum* und deren zahlreiche Hybriden, jedoch auch die hier gezeigte Hybride wird — wie viele andere auch — mit diesem Namen belegt. Die Blütenform zeigt eine puppenähnliche kleine »Tänzerin«. Über 800 Arten umfaßt diese Orchideengattung, nicht eingerechnet die vielen Hybriden. Die Hauptfarben der Blüten sind ein leuchtendes Gelb und braune Tupfen oder Flecken, aber auch Weiß und Pink ist in der Farbenkombination vertreten, wie das obige Bild veranschaulicht. Die meisten Arten sind Aufsitzer, leben also epiphytisch, und sind von Nordamerika bis ins subtropische Südamerika verbreitet und dort heimisch. Die Blüten zahlreicher Arten sind sehr wohlriechend und werden daher in Glashäusern und Wintergärten gerne gezogen, vor allem auch wegen des geringen Pflegeaufwandes den diese relativ anspruchslosen Pflanzen benötigen.

PASSIFLORA quadrangulis
(Passifloraceae)

Passionsblume,
Königsgranadilla

über 500 Arten — häufig werden auch 600 genannt — umfaßt diese Gattung, die in den tropischen und subtropischen Ländern — vornehmlich der Neuen Welt — als Rankenkletterer heimisch sind. Angeblich sollen Priester in den Blüten dieser Gattung ein Symbol der Passion Christi gesehen haben: hierbei bilden die vielen Staubfäden die Dornenkrone, die jeweils fünf Kelch- und Blütenblätter symbolisieren zehn Apostel, wobei Judas und Petrus nicht gezählt worden sind, die fünf Staubgefäße deuten auf die Wundmale Jesus hin und die drei Stempelnarben auf die Nägel, mit denen er ans Kreuz geschlagen wurde. Von all den Arten sind zwanzig eßbar. Die hier gezeigte Art hat eine etwa 12 cm große Blüte und kann eine mehr als 20 cm große Frucht mit einem Gewicht bis 4 kg hervorbringen. Während die meisten eßbaren Arten hocharomatische süßsaftige Früchte hervorbringen, sind diejenigen der gezeigten Art leicht säuerlich und als Gemüse zubereitet sehr nahrhaft.

**PHYTOLACA
dioica**
(Phytolacaceae)

*Kermesbeeren-
baum*

Diese südamerikanische Art aus der Familie der Kermesbeerengewächse ist nahezu in allen warmen Ländern der Welt anzutreffen und wird aufgrund der schönen Laubfärbung sogar im mediterranen Raum Europas als Allee- und Gartenbaum angepflanzt. Die hier gezeigte Art ist sehr schnell wachsend, immergrün und bildet eine große schattenbildende Krone. In Südamerika wird deshalb der Baum auch »Bella Sombra« (schöner Schatten) genannt. Die purpur-schwarzen Früchte eignen sich zum Färben von Garn und Textilien. Die Früchte der Art *Phytolaca americana* wurden früher zum Weinfärben und Färben von Süßwaren verwendet, was aber vor einiger Zeit verboten worden ist, da alle Teile der Pflanze giftig sind. Es ist also nicht empfehlenswert — besonders im Hinblick auf den hohen Gehalt an Calciumoxalatnadeln — die Früchte der gezeigten Art zu essen. Der Farbstoff selbst ist jedoch nicht toxisch.

TIBOUCHINA granulosa   *Glorienbusch*
(Melastomataceae)

Diese zur Familie der Schwarzmundgewächse zählende Gattung ist eine
tropische Pflanze die mit zahlreichen Arten aus Brasilien stammt und
heute in vielen tropischen Gebieten der Welt in Gärten und Anlagen gezogen wird. Die langen, relativ schmalen Blätter fallen besonders durch
ihre 3 bis 5 longitudinal verlaufenden kräftigen Nervenstränge auf. In
vielen Ländern — vor allem auch in Hawaii — hat sich die Gattung aus
den Gärten und Anlagen in der freien Landschaft angesiedelt. Die Gattung umfaßt nicht weniger als 200 Arten, deren Blüten weiß, rosa, purpur bis tief dunkelblau gefärbt sind. Allen aber sind die zehn langen, hakenförmig aufgebogenen Staubblätter und die fünf großen Kronblätter
gemeinsam. Die Art *Tibouchina urvilleana* ist vereinzelt in europäischen
Zimmerpflanzengärtnereien zu erwerben, aber ihre Zucht ist etwas pro-
blemhaft, da sie viel Licht — vor allem von oben — und kühle Räume
benötigt (möglichst nicht über 20° C). Die Stecklinge dagegen brauchen
zur Bewurzelung eine Bodentemperatur von mindestens 25° C.

TILLANDSIA
usneoides
(Bromeliaceae)

Geisenbart

Diese an Bartflechten erinnernde Art ist wurzellos und hängt von den Ästen und Zweigen der tropischen Bäume der Urwälder Nord-, Mittel- und Südamerikas herab, jedoch den reinen Regenwald lieben sie nicht. In früheren Zeiten wurden diese Pflanzen gesammelt, getrocknet und als Polstermaterial verwendet (Louisiana-Moos). Dies wird nun alles durch Kunststoffe ersetzt. Diese Art ist in Form und Wuchs völlig verschieden von den anderen Tillandsia-Arten. Sie bildet lange, in- und umeinander geflochtene fadenähnliche Zweige und Blätter, die dicht mit grauen Schuppenhaaren besetzt sind. Diese nehmen aus der Luft anfliegende Nahrungspartikel und Feuchtigkeit auf und leiten diese an das unter ihnen liegende Gewebe weiter.

VANILLA
pompona
(Orchidaceae)

Vanille

Diese, durch ihre getrockneten »Fruchtstangen« beliebte und bekannte Gattung, ist in fast allen tropischen Ländern der Erde verbreitet und ist die einzige Orchideenart, die wirtschaftlich genutzt wird. Vor allem die **Vanilla planifolia** aus dem tropischen Amerika wird plantagenähnlich angebaut, da aber zwischenzeitlich das »Vanille-Gewürz« synthetisch hergestellt wird, verschwinden auch diese Plantagen. Die hier gezeigte Art ist wildwachsend in Mexiko und anderen mittelamerikanischen Ländern anzutreffen. Alle der cirka 100 Arten weisen grünlich-weiße, 10 cm lange, wohlriechende Orchideenblüten auf, die als einzige von allen Gattungen harte, etwa 20 cm lange Samenschalen bilden. Die Pflanze selbst wird als Kletterer bis zu 15 m lang und wächst an der Sonnenseite der Bäume hoch.

VRIESEA
incurvata
(Bromeliaceae)

Lobster-Klaue
flammendes
Schwert

Diese Gattung zählt zu den Ananasgewächsen und umfaßt nicht weniger als 200 Arten. In Brasilien und Mittelamerika schmücken sie als Aufsitzer die Wälder, Garten- und Anlagenbäume. Schon seit über 100 Jahren werden sie auch in Europa als beliebte anspruchslose Zimmerpflanzen gehandelt. Die leuchtend — vorwiegend feuerrot — scheinenden Blütenstände bilden einen wochenlangen Schmuck. Die eigentliche Blüte ist unscheinbar und erscheint nur kurze Zeit als kleines weißes »Spitzchen« aus dem feuerroten zweizeiligen Hochblatt.

BANKSIA
integrifolia
(Proteaceae)

Banksia

Dies ist eine die australische Flora kennzeichnende Gattung, die — wie die vorwiegend aus Südafrika stammenden Proteas — zu den sogenannten Silberbaumgewächsen gezählt wird. Ihr Blütenstand bildet einen eiförmigen Konus — bei anderen Arten ist es ein zylindrischer Konus — der sich aus tausenden von kleinen Blüten zusammensetzt. Wie das Bild veranschaulicht, öffnen sich die Blüten von unten nach oben und sind gelb. Die Blüten der etwa 50 verschiedenen Arten variieren in der Farbe von einem grünlichen Weiß bis zu einem tiefen Rot. Die Bestäubung findet auch hier vornehmlich durch Nektarvögel, aber auch durch Insekten und kleine Beuteltiere statt.

BIXA orelana *Orleansbaum, Achotestrauch*
(Bixaceae)

Diese Gattung umfaßt nur drei Arten, von denen der hier gezeigte Orleansbaum am bekanntesten ist und auch wirtschaftlich genutzt wird, denn
in den weichstacheligen, roten Früchten befinden sich aufgereiht die
Samen, in deren weicher Außenschicht sich ein orangefarbiger bis roter
Farbstoff befindet, der völlig ungiftig ist und sich daher vorzüglich als
Lebensmittelfarbstoff eignet. Heute gibt es im tropischen südostasiati-
schen Raum viele Plantagen, die mit diesen Bäumen bepflanzt sind und
deren »Früchte« exportiert werden. Seine Heimat ist jedoch Südamerika,
wo die alten Indianer zum Rot-, Gelb- und Orangefärben von Textilien,
Haaren und Schminken die Samen bzw- deren Farbstoff »Bixin« ver-
wendeten.

CYMBIDIUM
phalaenopsis
(Orchidaceae)

Cymbidie

Diese Orchideengattung zählt zur weltweit bekanntesten, obwohl sie im Vergleich zu vielen anderen nur 70 Arten in der »Alten Welt« umfaßt. Ihr Bekanntheitsgrad beruht nicht nur auf der Formschönheit und der Vielzahl ihrer Blüten, sondern insbesondere auf den tausenden von Hybriden die aus ihr gebildet worden sind. Cymbidienarten sind vom Himalaja, Hinterindien und China, über die pazifische Inselwelt bis nach Australien verbreitet. Sie wachsen sowohl epiphytisch, wie auch terrestrisch, die Hybriden werden vorzugsweise in Töpfen gezogen, wobei zu sagen ist, daß der Wurzelstock der Pflanze relativ viel Platz zum guten Gedeihen der Pflanze benötigt. Die oben gezeigte Art wurde im botanischen Garten von Singapur fotografiert und wurde von den Autoren zuerst als eine Dendrobiumart angesehen.

**DENDROBIUM
antennatum**
(Orchidaceae)

Dendrobium

Diese Orchideengattung zählt zu den größten Gattungen im gesamten Pflanzenreich und ist mit seinen über 1600 Arten von den tropischen und subtropischen Gebieten Südasiens, die polynesische Inselwelt bis nach Australien verbreitet. Auch von ihren vielen Arten wurden fast zahllose Hybriden gezüchtet. Nur ganz wenige Arten wachsen terrestrisch, die Vielzahl lebt epiphytisch. Die im Bild gezeigte Art bringt auf einem bis zu 1 m langen Sproß etwa 9 bis 12 der bizarr geformten Blüten hervor. Die inneren zwei langen, spiralig verdrehten Hüllblätter der Blüte stehen — Antennen gleich — nach oben.

DISA uniflora *Stolz des Tafelberges, rote Disa*
(Orchidaceae)

Eine großblütige Erdorchidee, die vorwiegend auf dem Tafelberg Kap-
stadts gedeiht, aber auch im tropischen Teil Afrikas und auf Madagaskar
zu finden ist. Die Gattung umfaßt nicht weniger als 200 Arten. Die hier
gezeigte Art zählt jedoch zu den größten und auffälligsten Erdorchideen
und gedeiht auf nassen, moosigen und moorartigen Böden, die jedoch
auf felsigen, nach abwärts gerichteten Untergründen liegen. In unmittel-
barer Nähe von Wasserfällen, durch Sprühwasser häufig vernetzte, aber
gut drainierte Moosböden gedeiht diese Art besonders gut. Sie wird er-
folgreich zur Hybridenzucht herangezogen. Die Blütezeit im Kap beginnt meistens in der letzten Januarwoche.

**ETLINGERA
elatior** (= Nico-
laia elatior,
Phaeomeria
magnifica)
(Zingiberaceae)

Ingwer-Fackel

Als Heimat werden allgemein die Inseln von Malaysien und Indonesien, insbesondere Neuguinea und ferner von Mauritius angegeben. Es existieren etwa 40 Arten dieser Gattung. Die bis zu 20 cm im Durchmesser großen Blütenköpfe erwachsen aus dem Wurzelknollenstock auf einem über 1 m hochwerdenden geraden Stengel. Die mehrlagigen, hier im Bild leuchtend roten Hochblätter (bract) können viele Wochen in der Vase gehalten werden. Die eigentlichen Blüten sind die schmalen gelben Zungen, die mit dem Alter der Blüte wachsen. Die Knolle dieser Art wird nicht als »Ingwer« wirtschaftlich verwendet, wie diejenigen der Arten **Zingiber officinale, Alpinia purpurata und Alpinia zerumbet.**

**PAPHIO-
PEDILUM
fairieanum**
(Orchidaceae)

*Frauenschuh,
Venusschuh*

Der aus dem Griechischen stammende Volksname setzt sich aus
»Paphia« — einem Beinamen der Göttin Venus, der sich auf die zy-
prische Stadt Paphos bezieht — und dem Wort »pedilon« (Schuh) zusammensetzt. Diese Gattung umfaßt ca. 60 Arten, die im tropischen
Asien beheimatet sind, während es sie in Afrika, Ausstralien und Amerika nicht gibt. Sie ist eng mit der **weltweit** und auch bei uns vorkommenden, etwa 50 Arten umfassenden, Gattung **Cypripedium,** aber auch
mit der in Mittel- und Südamerika beheimateten Gattung **Phragmipe-
dium** und der 4 Arten umfassenden Gattung **Selenipedium** des tropischen Amerikas verwandt. Von der hier besprochenen und gezeigten
Gattung sind zwischenzeitlich abertausende von Hybriden gezüchtet
worden. Die im Bild gezeigte Art wächst terrestrisch in den subtropischen Gebieten des Himalaja-Randes, wo es auch einige *lithophytisch*
— also auf Steinen — wachsende Arten gibt.

**PHALAEN-
OPSIS violacea**
(Orchidaceae)

Malayenblume

Diese fast im gesamten tropischen und subtropischen Asien verbreitete
Gattung zählt auch bei uns in Europa zu den beliebtesten, dankbarsten
und auch relativ pflegeleichtesten Orchideen. Von Indien bis Formosa,
von den Phillippinen über Neuguinea bis Australien sind die farbenprächtigen, schöngeformten Blüten auf etwa 30 cm bis 60 cm langen
Stengeln zu finden, die sich auch oft verzweigen und so Blütenrispen
bilden. Es sind vorwiegend epiphytisch lebende Pflanzen, die trockene
und vorwiegend oft von der Sonne beschienene, aber auch gut von der
Luft umfächelte Plätze auf den Bäumen lieben. Das heißt aber auch für
»unsere« Zimmer-Phalaenopsis: kein Mangel an Licht und Luft, aber
wenig Feuchtigkeit und am besten nie naß werden lassen.

SPATHO-
GLOTTIS plicata
(Orchidaceae)

Spathoglottis

Hier ist eine nur terrestrisch wachsende Gattung mit 45 Arten gezeigt, die vorwiegend auf der indo- und melanesischen Inselwelt, aber auch mit zwei Arten in Australien heimisch sind. Bei den Papuas in der gigantischen Bergwelt von West-Irian werden die gefalteten Blätter zum Einwickeln und Aufbewahren von Salz verwendet. Das· Bild ist im Hochland von Neuguinea aufgenommen worden, wo die oft über einen Meter langen Blütenstengel aus dem Gras der Bergsteilhänge leuchten. Die »Seelen« der Wurzeln sind äußerst zerreißfest und wurden früher angeblich von den Eingeborenen zur Flechtung von Trag- und Haarnetzen verwendet.

**TELOPEA
speciosissima**
(Proteaceae)

Waratha

Dies ist eine aus 4 Arten bestehende Gattung aus der Familie der Proteas. Die attraktivste Art dieser Gattung ist die hier im Bild gezeigte, die
in Neu-Südwales, Tasmanien und Victoria endemisch anzutreffen ist.
Sie zählt zu den beliebtesten Garten- und Anlagenpflanzen nicht nur
Australiens, sondern aller tropischer und subtropischer Länder, insbesondere Südafrika und den Hawaii-Inseln. Auf letzteren haben sie sich
aus den Gärten bereits in der freien Landschaft angesiedelt. Sie ist der
südafrikanischen Nadelkissenprotea ähnlich.

VANDA
marledulera
(Orchidaceae)

Vanda

Als letzte Orchidee sei hier auf die etwa 70 Arten umfassende Gattung hingewiesen, die von dem tropischen und subtropischen China mit dem Himalajarand Nordindiens, den Phillippinen bis nach Nordaustralien und Neuguinea stammt. Auch von ihr wurden innerhalb der Gattung viele Hybriden gezüchtet. Die hier gezeigte Art stammt aus den Andamanen und der Ostküste Indiens. Auf einem relativ kräftigen Stamm mit riemenförmigen, lederartigen Blättern, entspringen aus deren Blattachseln die senkrecht nach oben wachsenden, bis zu 1 m lang werdenden Blütenstengel mit den 6 bis 8 cm großen Blüten.

Alle Vanda-Arten benötigen viel warme, hochfeuchte, gut zirkulierende Luft. Trotzdem zählen die Vandaarten zu den bei uns leicht zu pflegenden Zimmerorchideen.

Die Früchte des »Kanonenkugelbaumes« (siehe S. 150)

Liste der gezeigten Bilder

Im AMBRO LACUS VERLAG sind erschienen:

»Aus dem Pflanzenreich: Neuguinea«
von W. A. Kremnitz

Hier wird ein reichbebilderter Querschnitt durch die Vegetation Neuguineas gegeben, wobei nicht nur die einzelnen Vegetationszonen behandelt werden, sondern zahlreiche Einzelpflanzen aus ethnobotanischer Sicht besprochen werden. Am Ende wird in einzelnen Tabellen eine Zusammenstellung der Pflanzen für verschiedene Verwendungszwecke gegeben. **DM 29.50**

»Aus dem Pflanzenreich: Kalahari«
von W. A. Kremnitz, M. Knies, M. Kremnitz

Mehr als zehn Jahre haben auf vielen Expeditionen die Autoren die Kalahari in allen Richtungen durchquert und die Vegetation studiert. Zahlreiche Feldaufnahmen geben einen Überblick über einzelne Pflanzengesellschaften. Eine Vielzahl von Pflanzen werden beschrieben und über ihre ethnobotanische Verwendung berichtet. Tabellarisch sind am Schluß die Pflanzen zusammengefaßt, die als Nahrungsmittel, als Heilmittel, als Körperpflegemittel usw. Verwendung finden, wobei die Autoren viele Nahrungspflanzen selbst probiert haben. **DM 39.00**

»Aus dem Pflanzenreich: Kapland und Capensis«
von W. A. Kremnitz, N. Clack

Beide Autoren haben viele Jahre in praktizierender Feldarbeit sowohl botanisch als auch geologisch das Kapland erforscht und sich vor allem die Capensis Flora erschlossen. Gerade für den deutschsprachigen Raum gibt dieses Buch einen bisher kaum anzutreffenden, reich bebilderten Überblick.
200 Seiten, 245 vierfarb. Bilder, div. Graphiken **DM 45,–**